世の中への扉

イスラム世界 やさしいQ&A

岩永尚子

講談社

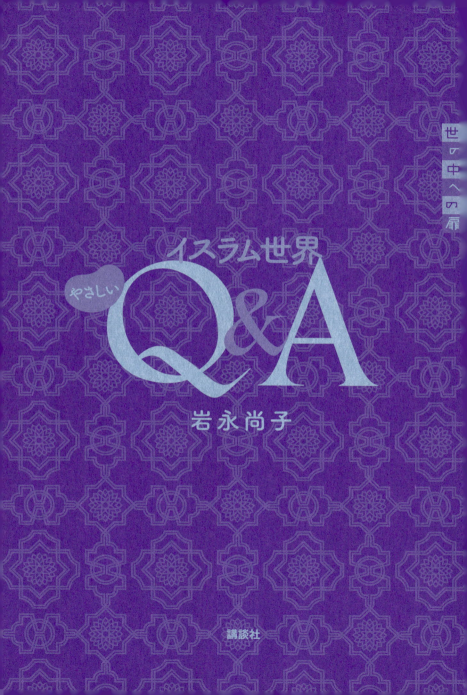

イスラム世界　やさしいQ&A

第1章 イスラム世界 まいにち やさしくQ&A

第2章 イスラム世界 なりたち やさしくQ&A

第3章 イスラム世界と日本 やさしくQ&A

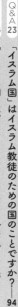

はじめに

みなさんは自分の、もしくは自分の家の宗教《しゅうきょう》を知っていますか？　この質問《しつもん》に、きちんと正確《せいかく》に答えられる日本人は、おそらくあまりいないことでしょう。もちろん、私《わたし》も小中学生のころには答えられませんでした。

それどころか、私はお寺が運営《うんえい》している幼稚園《ようちえん》に通い、キリスト教のカトリック（キリスト教の宗派《しゅうは》の一つ）の団体《だんたい》が運営している高等学校に進学しました。ですが、大学は同じキリスト教でもプロテスタント（キリスト教の宗派の一つ）と関係が深いところで学び、今、イスラム教について書いています。だからといって、私自身の宗教の一貫性《いっかんせい》のなさについて、これまでだれかから責《せ》められたり、批判《ひはん》されたりしたことはありません。宗教についてこれほど深く考えることなく、ある意味おおらかに暮《く》らせるのは、世界の中でも日本ぐらいでしょう。

日本人にとって、世界の主要な宗教《しゅうきょう》の中で最もなじみがなく、知られていない宗教が、おそらくイスラム教でしょう。ですが、信仰《しんこう》する人の数が、世界中で最も早く増加《ぞうか》している宗教こそ、イスラム教なのです。現在《げんざい》、世界中で4人に1人がイスラム教徒であると考えられていますが、2050年には世界の3人に1人がイスラム教徒になるだろうといわれています。

ところが、イスラム教について詳《くわ》しいことを知らないまま、近年の「イスラム国」によるテロ事件《じけん》やシリア内戦などのために、イスラム教に対して「怖《こわ》い」というイメージが定着しつつあります。もし、本当にイスラム教が「怖い」宗教であるとしたら、どうしてイスラム教がこれほど世界中で信仰され、現在も信徒が増《ふ》え続《つづ》けているのでしょうか?

そもそも人間は知らないものや、自分とは異《こと》なるものに対して、恐怖《きょうふ》を感じるのだそうです。

イスラム教を「怖い」と感じるのは、単にイスラム教やイスラム教徒について、知らないことが多すぎるからかもしれません。世界中のイスラム教徒を、理由もなく怖《こわ》がってしまうことは、私《わたし》たちにとっても相手にとっても、非常《ひじょう》に残念でもったいないことです。私は「知る」ということが、根拠《こんきょ》のない「恐怖心《きょうふしん》」を、「好奇心《こうきしん》」へと変えるための第一歩だと思っています。

イスラム世界と一言でいうと、画一的なイメージを描《えが》いてしまいがちですが、イスラム教を国教としている国々の中にも、各国に独自の規範《きはん》があり、けっして一様《いちよう》ではありません。イスラム教徒、それぞれの人についても、同じことがいえるでしょう。「正解」は一つではありません。

けれども、イスラム教について知っておくことは、その社会の根底を流れる原則を知るためにとても重要なことなのです。

この本はどの部分からでも読むことができるようになっています。みなさんにイスラム世界のことをよく知ってもらうために、大きく3つの章に分けて説明しています。まず第1章では、イスラム教の特徴《とくちょう》や、イスラム教徒の生活について紹介《しょうかい》していきます。

たとえば、「イスラム教とキリスト教とは何が違《ちが》うのですか?」「お祈《いの》りはどこで、どうやってするのですか?」「イスラム教徒の女性《じょせい》は顔を隠《かく》していたりするのに、どうやって結婚相手《けっこんあいて》を探《さが》すのですか?」「お休み（休日）やクリスマスはありますか?」などです。

次の第2章では、テレビのニュースなどでよく耳にする、「イスラム国」やシリア難民《なんみん》の問題、パレスチナ問題などについて、新聞やニュースを理解《りかい》するために必要なことを、できるだけわかりやすく説明しています。

そして、最後の章では、日本とイスラム世界の関係について紹介《しょうかい》してみたいと思います。

では、新しい世界への第一歩をどうぞ!

第1章 イスラム世界 まいにち やさしくQ&A

Q&A 1 イスラム教って、何を信じているのですか？

そもそも、イスラムという言葉の意味を知っていますか？　イスラムとは、「神に従《したが》う」という意味です。イスラム教は「アッラー」と呼《よ》ばれる神を信じている一《いっ》神教《しんきょう》です。一神教というのは、「唯一神《ゆいいっしん》がすべてのものをお創《つく》りになった」ということを信じている宗教《しゅうきょう》です。ですから、イスラム教には、仏教《ぶっきょう》のようにいろいろな役割《やくわり》の仏様《ほとけさま》がいるわけでも、ギリシア神話のような女神様《めがみさま》がいるわけでもありません。

商人であったムハンマドが６１０年ごろ、天使ジブリール（ガブリエル）を通じて、神の意志《いし》を聞いたのが始まりです。そのため、ムハンマドは最後の預言者《よげんしゃ》であり、イスラム教の創始者《そうししゃ》であるとされています。預言者とは神の声を預《あず》かった人という意味で、未来について言いあてる「予言者」ではありません。

『コーラン』という言葉を聞いたことがありますか？　ムハンマドが神から聞いた言葉を書き写したものが、聖典《せいてん》『コーラン（クルアーン）』です。コーランはムハンマドが話していた言葉、アラビア語で書かれています。

コーランは神の言葉が書かれたものなので、ふつう、各国の言語に翻訳《ほんやく》されることはありません。イスラム教では、お祈《いの》りの言葉などもすべてアラビア語です。もちろん、コーランの意味は各国の言葉に翻訳されていますが、翻訳された本はコーランの解説書《かいせつしょ》にすぎません。そのため、翻訳された本をコーランと呼《よ》ぶことはありません。コーランは114章から成り立っていますが、最近出版《しゅっぱん》されたコーランの日本語訳《にほんごやく》（解説書）は700ページを超《こ》えています。

ところで、どうすればイスラム教徒になれるのか知っていますか？　イスラム教徒になるためには、成人男性《だんせい》のイスラム教徒2人以上の前で、「アッラーのほかに神はなし、ムハンマドはアッラーの使徒であることを証言《しょうげん》する」とアラビア語で唱えるだけです。イスラム教徒になる手続きは簡単《かんたん》ですが、イスラム教徒であることを辞《や》めるのは簡単にはできません。

イスラム教徒になると、アッラーを信じ、神の言葉であるコーランに書かれていることを守らなければなりません。これを守って、よいおこないをした人々だけが、死後、天国に行けるとされています。イスラム教徒のことを、男性ならムスリム、女性ならムスリマと呼《よ》びます。「神に従《したが》う者」という意味です。

Q&A
2

ムハンマドってどんな人だったのですか?

生《お》い立《た》ち

ムハンマドは570年ごろ、メッカ(現在《げんざい》のサウジアラビアの都市)のクライシュ族のハーシム家という名門の一族の一員として生まれました。けれども、幼《おさな》くして両親、祖父《そふ》を亡《な》くしたため、おじさんに育てられたそうです。商人として各地に荷物を運んでいたおじさんを手伝って、ムハンマドも商人として働いていました。

彼《かれ》が25歳《さい》のときに、同じ商人として成功していたハディージャという夫を亡くした女性《じょせい》が、まじめでやさしい人柄《ひとがら》を見込《みこ》んで、ムハンマドに結婚《けっこん》を申し込みました。ムハンマドはハディージャと幸福な家庭を築《きず》いて、子どもにも恵《めぐ》まれ、商売も成功していました。

神からの啓示《けいじ》

40歳《さい》ぐらいからムハンマドは瞑想《めいそう》するようになりました。ムハンマドは瞑想の中で、天使ジブリールから「アッラーの教えを広めなさい」と話しかけられました。

ムハンマドはこのことを妻《つま》に伝えました。妻は彼《かれ》の誠実《せいじつ》な人柄《ひとがら》を知っていたため、その日に起きたできごとを信じました。こうして妻はイスラム教の信者の第1号となったのでした。ムハンマドは最初の3年間は友人や親類のみに、アッラーの教えを説いていました。そのころの信者は30人程度《ていど》だったといわれています。

ムハンマドは教育を受ける機会がなかったので、読み書きができませんでした。ところが、ムハンマドが説く教えは、詩のように美しかったのです。詩人はアラブ世界では尊敬《そんけい》されていて、美しい詩を作れることは才能《さいのう》の一つだと考えられていました。読み書きができないムハンマドが、ありえないほど美しい言葉で語ったために、人々はムハンマドが本当に神から言葉を預《あず》かってきたのだと考えるようになりました。

布《ふ》教《きょう》と迫害《はくがい》

ムハンマドは自分の生まれた地であるメッカで布教を開始しました。ところが、その当時のメッカは多神教《たしんきょう》で、ムハンマドの説く一神教は理解《りかい》しがたいものでした。そのうえ、ムハンマドが「裕福《ゆうふく》な人々は、財産《ざいさん》を貧《まず》しい人のために寄付《きふ》しなさい」と説いたために、裕福な人々はイスラムの教えを受け入れようとはしませんでした。教えを受け入れるどころか、ムハンマドや信者を迫害し続けました。そのため、ムハンマド自身も重傷《じゅうしょう》を負っただけでなく、信者や彼《かれ》の親せきも食べるものすらないような状況《じょうきょう》に追《お》い込《こ》まれていきました。

メディナへ

そのような状況で、ムハンマドの説教を聞きに来ていたメディナ（当時は「ヤスリブ」。現在《げんざい》のサウジアラビアの都市）の町の人々が、ムハンマドと信者たちを受け入れることになりました。なぜなら、メディナでは部族同士の戦いに明《あ》け暮《く》れ、町が荒廃《こうはい》してしまい、町の人々を団結《だんけつ》させるような指導者《しどうしゃ》を必要としていたためです。
こうしてムハンマドは、メッカの反対勢力《せいりょく》の追跡《ついせき》の手を逃《のが》れてメディナの町に脱出《だっしゅつ》することとなったのでした。ムハンマドがメディナへ移《うつ》った日、６２２年7月15日を、イスラム教ではヒジュラといい、イスラム暦《れき》（ヒジュラ暦ともいう）の元年となっています。

メディナの町の人々はムハンマドたちを温かく迎《むか》え入《い》れましたが、メッカの反対勢力はそれすら快《こころよ》く思わず、彼《かれ》らを滅《ほろ》ぼすために何度も大軍を送りました。メッカからの軍勢《ぐんぜい》のほうが数では上回っていたにもかかわらず、ムハンマドとメディナの町の人々はなんとか持ちこたえ、最終的にはメッカからの軍勢を追い返すことに成功しました。そして、メディナはイスラム教徒の町として、繁栄《はんえい》することになったのでした。

メッカへ

630年に、ムハンマドは1万の大軍を率《ひき》いてメッカに向かいました。メッカの反対勢力はその大軍を見て抵抗《ていこう》をあきらめ、戦わずしてムハンマドたちがメッカに入ることを認《みと》めました。ムハンマドはカアバ（カーバ）神殿《しんでん》に祭られていた、多神教の神々の像《ぞう》を破壊《はかい》し、カアバ神殿をイスラムの聖地《せいち》と定めたのでした。

メッカやメディナのあるアラビア半島で、1万もの兵力を集めた戦いは、数百年以上もなかったほど大規模《だいきぼ》なものでした。ムハンマドたちの勝利は瞬《また》く間《ま》に広まり、これ以後、全アラビア半島の指導者《しどうしゃ》たちがムハンマドのところに使者を送るようになりました。こうして、イスラム教はアラビア半島全体に伝わっていきました。

その後もムハンマドはメディナに住んでいました。彼《かれ》は632年にメッカ巡礼《じゅんれい》をおこなった後に、病状《びょうじょう》が悪化してメディナの自宅《じたく》で亡《な》くなりました。彼が埋葬《まいそう》された場所と自宅には、モスク（イスラム教の礼拝《れいはい》の場所）が立てられ、このモスクは「預言者《よげんしゃ》のモスク」と呼《よ》ばれています。

Q&A 3

イスラム教にはどのくらいの信者がいるのですか？

２０１０年の調査《ちょうさ》では、全世界の人口は約69億３０００万人と推定《すいてい》されています。世界で最も信者の多い宗教《しゅうきょう》はキリスト教で、約21・7億人がキリスト教徒（約31％）と推定されています。第2位がイスラム教徒で、約16億人といわれています（約23％）。ちなみに、日本に多い仏教徒《ぶっきょうと》は、世界ではむしろ少数派《しょうすうは》で約4・9億人（約7％）です。

イスラム教徒が住んでいる数が多い国は、1位インドネシア、2位インド、3位パキスタン、4位バングラデシュ、5位ナイジェリアです。イスラム教徒は中東に多いと思われがちですが、意外にもアジアの国に多く住んでいます。アジアの人口の約60％がイスラム教徒だといわれています。

地域別《ちいきべつ》に見ると、最もイスラム教徒の人口が多いのはアジア・太平洋地域で約10

億人（約62％）、中東・北アフリカ約３・２億人（約20％）、サハラ以南のアフリカ約２・４億人（約15％）、ヨーロッパ約４０００万人（約２・７％）、南北アメリカ約５００万人（約０・３％）という順になっています。

イスラム教徒はキリスト教徒よりも人口増加率《ぞうかりつ》が高いため、２０５０年には全世界でキリスト教徒とイスラム教徒はほぼ同数になり、全人口の30％程度《ていど》がイスラム教徒になると考えられています。みなさんが社会で活躍《かつやく》するころには、世界中で３人に１人がイスラム教徒と推測《すいそく》されているため、近所の人やお友達の中にもイスラム教徒がもっと増《ふ》えていることでしょう。

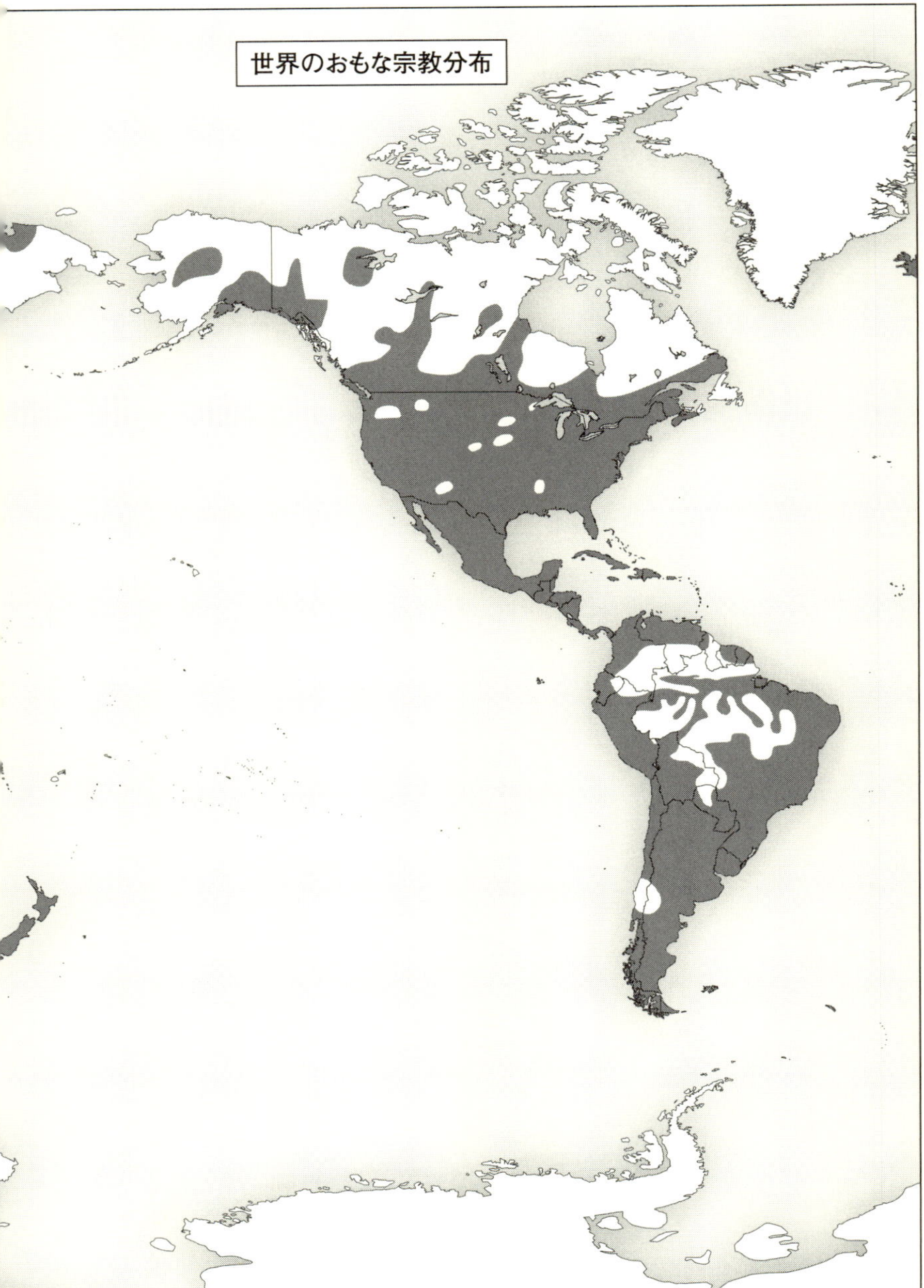
世界のおもな宗教分布

イスラム教
ヒンドゥー教
キリスト教
その他の宗教
仏教
※斜線部分は複数の宗教の混合地域

Q&A 4 イスラム教徒が多いのはどこの国ですか?

イスラム教徒の国といっても、本当にさまざまな国があります。どんな国にイスラム教徒が住んでいると思いますか? 思いつくのは、おそらくサウジアラビアとかエジプト、シリアなどの中東の国々でしょう。中東の国々ではイスラム教徒の占《し》める割合《わりあい》は高いのですが、もともとの人口が少ないので、人口の多さでは東南アジアの国にはかないません。イスラム教徒の人口が多い上位3か国は、2010年の推定《すいてい》で、インドネシア約2億人、インド約1億7600万人、パキスタン約1億6700万人です。上位はアジアの国々が独占《どくせん》しています。インドにはヒンズー教徒が多いと思われがちですが、イスラム教徒も多いのです。

では、人口の95%以上がイスラム教徒の国、つまりイスラム教徒の割合が高い国はどこでしょう? それは、アフガニスタン、チュニジア、イラン、アゼルバイジャン、イエメン、モーリタニア、イラク、モロッコ、ニジェール、ソマリア、モルディブ、コモロ、ヨルダン、パレスチナ、トルコ、アルジェリア、サウジアラビア、リビア、ジブチ、パキスタン、ウズベキスタン、セネガル、タジキスタン、ガンビアで、こんなにもたくさんありました。これらの国々なら、おそらく想像《そうぞう》していた国々に近いのではないでしょうか？　イスラム教徒の人数が多いインドネシア（約88％）や、インド（約14％）が入っていないのが面白《おもしろ》いですね。

あまり知られていませんが、中東の国々だけでなく、ニジェールやソマリア、セネガルといったアフリカの国々もイスラム教徒が占《し》める割合《わりあい》は高いのです。なかでもナイジェリアは人口の多さでも5位、エジプトは6位になっています。このように、イスラム教徒はみなさんが思っているよりもはるかにいろいろな国々で暮《く》らしているのです。

Q&A 5

イスラム教とキリスト教とは何が違《ちが》うのですか？

イスラム教とキリスト教、まったく異《こと》なる宗教《しゅうきょう》のように思われていますが、似《に》ているところもあるので、まずは似ているところから説明してみましょう。

似ているところ

イスラム教とキリスト教、そしてユダヤ教も同じように、唯一神《ゆいいっしん》を信じる一神教です。そして、これらの3つの宗教は、発生した場所、はじめに信者を獲得《かくとく》していった地域《ちいき》もほぼ同じで、東地中海沿岸部《えんがんぶ》からアラビア半島です。そのため、エルサレムという町は、3つの宗教から「聖地《せいち》」と呼《よ》ばれています。

この3つの宗教には、それぞれ神の言葉を預《あず》かった預言者《よげんしゃ》が存在《そんざい》しています。ユダヤ教はアブラハム（イブラヒーム）やモーセなど、キリスト教ではイエス、イスラム教ではムハンマドが預言者《よげんしゃ》です。
3つの宗教《しゅうきょう》の中では、イスラム教が最も新しい、つまり最後に生まれた宗教です。そのため、イスラム教では先の2つの宗教の聖典《せいてん》、ユダヤ教とキリスト教の聖典『旧約聖書《きゅうやくせいしょ》』とキリスト教の聖典『新約聖書《しんやくせいしょ》』の価値《かち》を認《みと》めています。そして、『コーラン』が最後の聖典だと考えています。イスラム教では、ユダヤ教とキリスト教の信者たちのことを「啓典《けいてん》の民《たみ》」と呼《よ》びます。

エルサレム旧市街

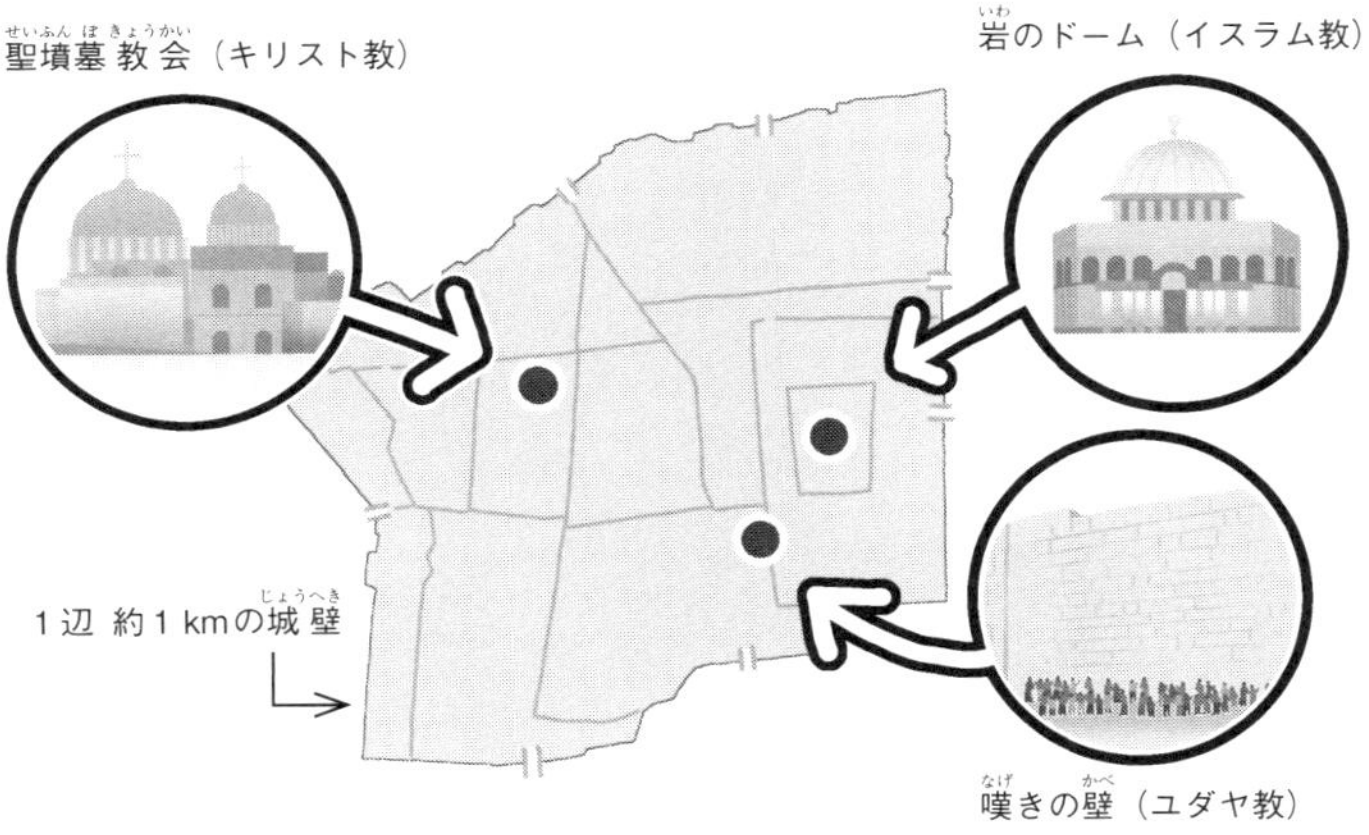

違《ちが》うところ①

では、イスラム教とキリスト教では、どんなところが違うのでしょうか？　異《こと》なっているところは大きく分けて3つあります。

1つ目は、イスラム教では、神に子どもも父もないと考えられているところです。一方、キリスト教ではイエスは「神の子」であり、預言者《よげんしゃ》だと考えられていま す。イスラム教徒からいうと、イエスは「神の子」ではなく、あくまでも預言者のひとりということになります。

2つ目はイスラム教では、神の前にすべての人は平等だと考えられていることです。キリスト教には神父様《しんぷさま》や牧師様《ぼくしさま》といった、信者たちを神の教えに近づける「先生」のような役割《やくわり》を果たす人がいますが、イスラム教にはそのような人は存在《そんざい》していません。創始者《そうししゃ》であるムハンマドですら人間であり、尊敬する対象であっても崇拝《すうはい》する対象ではありません。

3つ目に、キリスト教の教会にはマリア様やイエス様の像《ぞう》がありますが、イスラム教では、そのような像や絵を作ることは禁止《きんし》されています。なぜなら神の絵や彫刻《ちょうこく》を作ってしまうと、ついそれを拝《おが》んでしまうからです。こうしたものを拝んではいけないという規則《きそく》のことを「偶像崇拝《ぐうぞうすうはい》の禁止」といいます。ですから、モスクの中には、アッラーの像やムハンマドの絵などはありません。

違《ちが》うところ②

政治《せいじ》という面から考えても、キリスト教とイスラム教は違っています。キリスト教は13世紀ぐらいまで、宗教《しゅうきょう》の長（教皇《きょうこう》と呼《よ》ばれる）が強い権力《けんりょく》を持っていました。ところが、13世紀から15世紀にかけて、国王が教皇から権力をしだいに奪《うば》っていき、力を増《ま》していったのでした。その後、宗教改革《かいかく》や宗教戦争を経《へ》て、キリスト教の世界では、宗教的な人々が政治的な権力を持つことは好ましくないことで、両者の権力をべつべつにすべきだという認識《にんしき》に至《いた》りました（これを政教分離《せいきょうぶんり》と呼ぶ）。

ところが、イスラム教の世界では、預言者《よげんしゃ》ムハンマドがウンマと呼ばれる、宗教共同体を率《ひき》いていたため（宗教的リーダーが政治的リーダーでもある状態《じょうたい》）、これが最もよい形態《けいたい》だと認識《にんしき》されています。つまり、キリスト教では好ましくない政治の形が、イスラム教では模範的《もはんてき》な形だとされているのです。

Q&A 6 イスラム教徒になったら何をするのですか？

イスラム教徒には、イスラム教徒としておこなわなければならない5つの重要なこと（五行《ごぎょう》）があります。それは信仰告白《しんこうこくはく》、礼拝《れいはい》、喜捨《きしゃ》、断食《だんじき》、巡礼《じゅんれい》です。聞きなれない言葉なので、順に説明してみましょう。

①信仰告白（シャハーダ）

信仰告白とは、「アッラーのほかに神はなし、ムハンマドは神の使徒である」と証言《しょうげん》することです。正式にはアラビア語で唱えなければなりません。この行為《こうい》をイスラム教徒の成人男性《だんせい》2人以上の前でおこなうと、イスラム教徒になれます。

②礼拝《れいはい》（サラーもしくはサラート）

礼拝は毎日、夜明け前、正午ごろ、遅《おそ》い午後、日没後《にちぼつご》、夜半の1日5回、メッカの方向を向いておこないます。礼拝には順序《じゅんじょ》と方法がきちんと決められています。手などを洗《あら》って身を清めた後に、おじぎのような動作とともに礼拝の文言を唱えます。この礼拝も、信仰告白《しんこうこくはく》と同じように、日本人であっても、そのほかの外国人であっても、アラビア語で唱えなければなりません。

③喜捨《きしゃ》（ザカーもしくはザカート）

喜捨とは、貧《まず》しい人や困《こま》った人に対して寄付《きふ》をすることです。財産《ざいさん》や収入《しゅうにゅう》に応《おう》じて支払《しはら》うものとされていますが、働いて収入を得た人は、最低でもおおよそ年俸《ねんぽう》の2・5%を寄付すべきだとされています。富《とみ》を得たものは自分のためだけに使うのではなく、困っている人に分《わ》け与《あた》えて、困っている人が社会に復帰《ふっき》できるようにすべきだという考えに基《もと》づいています。

④断食《だんじき》（サウム）

断食はラマダン月（イスラム暦《れき》の第9番目の月）の日中におこなわれます。よく「1か月間何も食べないのでしょう?」と誤解《ごかい》されていることが多いので、のちほど詳《くわ》しく説明します。

⑤巡礼《じゅんれい》（ハッジ）

巡礼とは、巡礼月（イスラム暦の第12番目の月）の8日から10日を中心にメッカを訪問《ほうもん》し、決められた方法に基《もと》づいて儀式《ぎしき》をおこなうことをいいます。巡礼もイスラム教徒の義務《ぎむ》ですが、体力と財力《ざいりょく》があればおこなうのが望ましいとされています。巡礼についても、詳しくはのちほど説明します。

断食や巡礼については、それぞれラマダン月と巡礼月におこなうべき月と日にちが決まっています。イスラム教徒は、独自《どくじ》のイスラム暦《れき》と呼《よ》ばれる太陰暦《たいいんれき》（月の満ち欠けの周期を基準《きじゅん》に作られる暦《こよみ》）に基《もと》づいて宗教《しゅうきょう》行事をおこなっています。そのため、同じラマダン月といっても太陽暦《たいようれき》では毎年11日ほどずれていきます。たとえば、２０１７年のラマダンは５月27日から６月25日まで、２０１８年は５月16日から６月14日、２０１９年は５月５日から６月３日までとなる予定です。

Q&A 7
お祈《いの》りはどこで、どうやってするのですか？

お祈りはモスク（イスラム教の礼拝《れいはい》の場所）でしかおこなってはいけないというイメージがあると思いますが、家の中や職場《しょくば》、公園など、どこでおこなってもよいことになっています。公園などで礼拝を見かけた場合、礼拝している人の前を横切らないように注意が必要です。そして、金曜日にはモスクに集まって、集団《しゅうだん》で礼拝をするのがよいとされています。

また、キリスト教の教会には教区があったり、仏教《ぶっきょう》では檀家《だんか》というシステムがあるので、地域《ちいき》ごとに通ってくる信者がほぼ決まっています。ところが、イスラム教のモスクには教区のようなものはないので、だれがどこに通ってもよいことになっています。

お祈りの回数は1日5回で、メッカの方向を向いておこないます。たとえば、1

日の始まりにおこなわれる、第1回目の夜明け前の礼拝《れいはい》は、明け方から日の出までの間におこなうことになっています。つまり、場所や季節が違《ちが》うと、お祈《いの》りをすべき時間も変わってしまいます。第2回目の正午ごろのお祈りや、第3回目の遅《おそ》い午後のお祈りは、学校や職場《しょくば》でお祈りをすることになる場合もあります。そのため、学校や人の集まる場所、ショッピングモールや空港、駅などには礼拝場所が用意されていることが多いです。

そして、1日に5回、きちんと礼拝するのが無理な場合は、2回のお祈りをまとめることもできますし、礼拝の文言を全部ではなく一部だけに短縮《たんしゅく》しておこなうこともできます。5回以上のお祈りをすることも、もちろん可能《かのう》です。

お祈りの文言を唱える前に、まず手や口を洗《あら》ってお清めをします。お清めの順番も回数もきちんと決まっています。

具体的にどれぐらい細かく定められているのか見てみましょう。まず、手首より先の手を3回洗い、口に水を含《ふく》んで3回すすぎ、次に鼻を3回すすぎます。そして顔、手首からひじを3回ずつ洗います。その後、手を濡《ぬ》らして額《ひたい》から後ろに向かって髪《かみ》をなで、耳の穴《あな》をぬぐいます。最後につまさきから足首まで3回洗《あら》います。これでようやくお清めが終わります。

このようにお清めには水が不可欠《ふかけつ》なので、通常《つうじょう》モスクや礼拝所《れいはいじょ》のそばには水場があります。水がない場合や、病気やけがで水が使えない場合は、砂《すな》など自然界にあるきれいなものをさわった手で、髪と手を触《ふ》れて代用します。

礼拝の文言や動作についても、きちんと決まりがあります。テレビなどでときどき、イスラム教徒の人たちがみんなでぴったりそろったようにお祈《いの》りをしている姿《すがた》を見ることがありますが、細やかな礼拝の決まりがあるので、あのようにそろった動きになるのです。

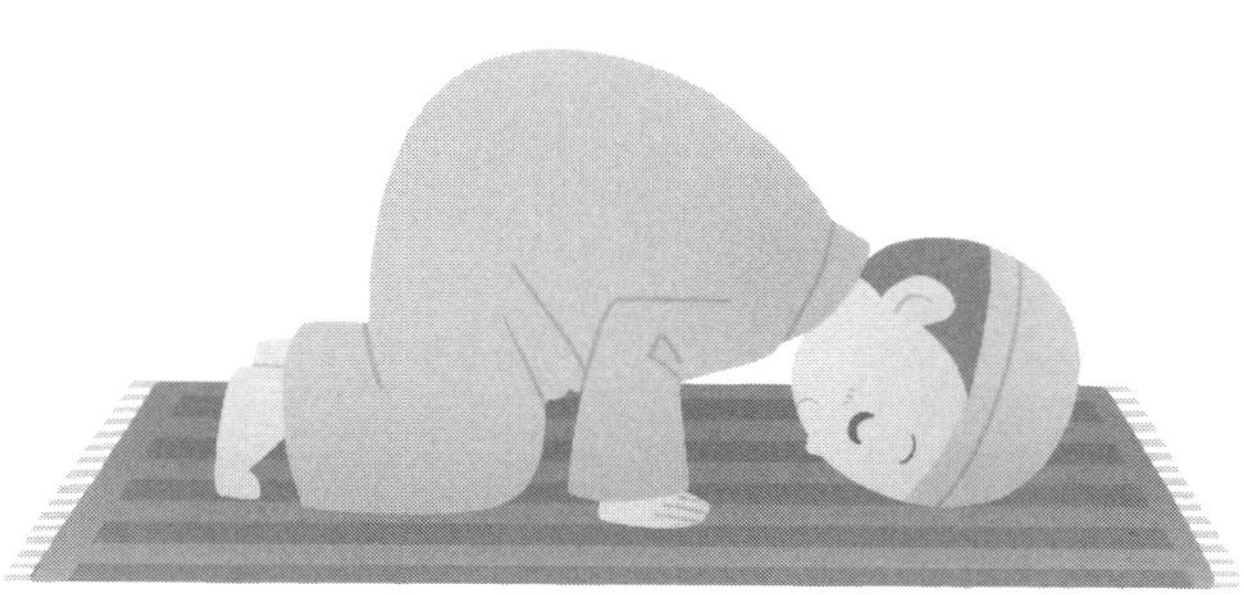

Q&A 8

断《だん》食《じき》ってどうやってするのですか？

イスラム教徒としておこなわなければならないことのひとつに、断食月（ラマダン月：イスラム暦《れき》9番目の月）の1か月間にわたる断食があります。断食というと、「飲まず食わずで1か月間？　ありえない！」と勘《かん》違《ちが》いしている人も多いのですが、イスラム教徒のラマダン月の断食は、日の出から日没《にちぼつ》までです。

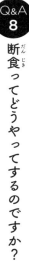

断食の間は食べ物をとることはもちろん、水やつばを飲みこむこと、喫煙《きつえん》、けんか、悪口なども原則禁止《げんそくきんし》という厳《きび》しいルールがあります。ですが、断食をおこなわなくてもよい人もいます。たとえば、重病の人、小さな子ども、妊娠中《にんしんちゅう》の女性《じょせい》、授乳中《じゅにゅうちゅう》の母親、旅人、重労働者などです。旅行などで断食ができなかった人は、後日、できなかった分を自分で補《おぎな》えばよいことになっています。

小さな子どもは断食をしなくてもよいことになっています。では、いったいどれくらいの年齢《ねんれい》から断食《だんじき》を始めるのかというと、だいたい小学校にあがるぐらいのころからです。「今年は半日だけでもがんばろうね」といったぐあいに始めて、10歳《さい》ごろになると「1週間がんばろうね」といったように、その子に合わせてじょじょに断食の日数を増《ふ》やしていくようです。ラマダンの期間中に小学生くらいの子どもに「断食した？」と聞くと、「今年は3日続けられたよ」とか、「毎日、午前中はずっとできたよ」などと誇《ほこ》らしげに教えてくれます。

断食月が始まると、毎日、日の出前に通りに出て、太鼓《たいこ》を打ち鳴らして「もうしばらくすると日の出です！」と教えてくれる人が現《あらわ》れます。それを聞くとみんな急いで飛び起きて、眠《ねむ》いまま朝ご飯（断食前の朝ご飯をスフールと呼《よ》ぶ）を食べます。その後、また眠ってしまう人もいます。

そして、断食が終わる日の入り前になると、みんないっせいに帰宅《きたく》を急ぐので、道路は大渋滞《だいじゅうたい》！　日没《にちぼつ》直後の夕食を食べる時間になると家に帰ってしまうので、道路にはだれひとりいなくて、奇妙《きみょう》なぐらいに町が静まりかえります。

断食《だんじき》が終わってからの夕飯を「イフタール」といいます。家族や親せきみんながそろってイフタールをとることが多く、毎日が「お祝いのごちそう」といった感じになります。断食明けの胃腸に、重たい肉などを急に入れると健康によくないので、干し柿《ほがき》に似《に》たデーツと呼《よ》ばれるナツメヤシやスープ、甘《あま》いジュースなどをまず飲んでから、本格的《ほんかくてき》な夕飯をとります。

ラマダンの時期だけに特別に作られるお菓子《かし》もあります。子どもも大人もそのお菓子を楽しみにしています。家族そろって食べる断食明けの夕食は、まるで日本のお正月のようです。イスラム教では飲酒は禁じられているので、大人たちがお酒を飲んでいないところが、日本のお正月とは少し違《ちが》う雰囲気《ふんいき》かもしれませんね。

断食することによって、食べることのできない貧《まず》しい人々の痛《いた》みを知り、神によりいっそう感謝《かんしゃ》できるようになると考えられています。そのため、断食月《だんじきづき》にはふだんよりも多くコーランを暗唱したり、貧しい人に寄付《きふ》をしたり、宗教心《しゅうきょうしん》が高まるといわれています。

ラマダン期間中は「ラマダン・カリーム」とか「ラマダン・ムバーラク」（どちらも「ラマダンおめでとう」の意味）といったあいさつが交《か》わされます。このあいさつはイスラム教徒ではない人も使えるので、機会があったら試《ため》してみてくださいね。年賀状《ねんがじょう》やクリスマスカードのように、「ラマダン・カリーム」と書かれたカードが交わされることもあります。そして、約1か月間のラマダンが完全に終わると、断食月明けの祝日（イード・アル＝フィトル）が始まります。

Q&A 9 巡礼《じゅんれい》って何ですか？

イスラム教でいう巡礼とは、メッカにあるカアバ神殿《しんでん》を訪問《ほうもん》し、宗教《しゅうきょう》行事をおこなうことです。カアバ神殿は神に最初に奉納《ほうのう》された神殿で、イスラム教徒にとって最高の聖地《せいち》です。そのため、イスラム教徒はカアバ神殿のある方向を向いて礼拝をおこないます。巡礼は、特にイスラム暦《れき》の12番目の月（巡礼月）におこないます。巡礼はイスラム教徒の義務《ぎむ》の一つですが、健康で経済的《けいざいてき》にもできる人だけがおこなうべきことです。巡礼するための費用が十分でないからといって、お金を借りて巡礼することはできません。

巡礼にはいくつかの手順があるので、簡単《かんたん》に説明してみましょう。

①男性《だんせい》は装飾品《そうしょくひん》をはずし、イフラームと呼《よ》ばれる縫《ぬ》い目《め》のない白い服に着替《きか》える

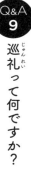

（女性《じょせい》の服装《ふくそう》はいつもどおりで可《か》）

②カアバ神殿《しんでん》の周りを反時計回りに7回歩いて回る

③サファーとマルワの丘《おか》の間を早足で7回行き来する

④ミナーという町に入る

⑤ムハンマドが最後の説教をしたアラファト山に登って祈りをささげ、ミナーに帰るまでに小石を拾っておく

⑥小石7個を悪魔《あくま》の石柱《せきちゅう》に投げつける

⑦動物（羊など）を神に犠牲《ぎせい》としてささげる（イード・アル＝アドハー）

⑧ミナーに2日以上滞在《たいざい》した後、メッカに戻り、②と③を繰《く》り返《かえ》す

（巡礼で行なうことは他にもたくさんありますが、一部のみを紹介《しょうかい》しています）

これらの行為《こうい》はすべて宗教的《しゅうきょうてき》な意味があります。たとえば①の、男性全員が白い縫《ぬ》い目《め》のない服に着替えるという行為は、貧《まず》しくても王様であろうとも、神の前

には一人の人間でしかないということを意味します。また、⑥の石を投げるというのは、預言者《よげんしゃ》アブラハム（イブラヒーム）が悪魔《あくま》に石を投げつけて追《お》い払《はら》ったという故事《こじ》にちなんでいます。

なぜこのような巡礼《じゅんれい》が義務《ぎむ》となっているのでしょうか？　それは、こうした宗教《しゅうきょう》行事をおこなうことによって、イスラム教徒としての一体感が、高められるためでしょう。巡礼は貧富《ひんぷ》の差《さ》も、肌《はだ》の色も、民族も超《こ》えて、みんながおこなう行為《こうい》なのです。

毎年、平均で２４０万人が巡礼をおこなっています。実際《じっさい》には希望者はもっといるのですが、巡礼があまりにも混雑《こんざつ》してしまうと危険《きけん》なので、サウジアラビア政府《せいふ》が人数を制限《せいげん》していて順番待ちになっているため、巡礼が実現《じつげん》するには、数年は待たなければならないのだそうです。

巡礼のようす

写真：アフロ

Q&A 10
コーランには何が書いてあるのですか？

コーランは神が預言者《よげんしゃ》ムハンマドに伝えたことを書いたもので、イスラム教の聖《せい》典《てん》です。ムハンマドが神から伝えられた言葉や、信徒たちが記憶《きおく》していたもの、書きとめたものを、彼《かれ》が亡《な》くなってから15年ぐらい後にまとめたものがコーランです。

コーランは全部で114章からなりますが、順番に読めばわかるというわけでも、物語になっているわけでもありません。内容《ないよう》は神が唯一《ゆいいつ》であること、神がどのような方なのか、そして神が信者に対して望まれていることなどが書いてあります。神の望まれていることをおこなうことによって、イスラム教徒は死後に天国に行けるということも、コーランには書かれています。

コーランの特徴《とくちょう》は、神がアラビア語でムハンマドに直接《ちょくせつ》伝えたそのままの言葉で書かれているということです。そのため、コーランは成立してから1300年以上、文章を付け加えられたり、書《か》き換《か》えられたりしていません。

しかも、コーランは目で読まれるものではなく、読誦《どくしょう》されるもの（声に出して読まれるもの）だとされています。コーランの文章は、詩のように韻《いん》をふんでおり、音楽のような独特《どくとく》のリズムと響《ひび》きがあってとても美しいといわれています。アラビア語がわからない人が聞いても、その美しい響きを感じることができるでしょう。

コーランは神の言葉が書かれた本ですので、コーランそのものを粗末《そまつ》にあつかう、たとえば燃《も》やすとかふむなどという行為《こうい》は、イスラム教徒にとって、神を粗末にあつかうことを意味します。

パキスタンなどのいくつかのイスラム教の国では、コーランを汚《よご》したりすることは法律《ほうりつ》で禁《きん》じられています。

つまり、コーランはイスラム教徒ではない人々にはただの本であっても、イスラム教徒には本以上の価値《かち》があるということです。もし、コーランを手にすることがあったら、ていねいにあつかってくださいね。

Q&A 11 モスクでは何をしているのですか？

イスラム教では金曜日がお休みで、その日にモスクに行き、みんなでお祈《いの》りするのが望ましいとされています。モスクは礼拝《れいはい》のためだけでなく、コーランを学ぶ場所として使われることもあります。モスクは人々の生活にはなくてはならない、いろいろな役割《やくわり》を果たしています。たとえば日本のモスクでは、巡礼《じゅんれい》に行くのに必要な入信証明書《にゅうしんしょうめいしょ》や、結婚証明書《けっこんしょうめいしょ》の作成、お葬式《そうしき》もおこなわれています。日本でいうなら、モスクは礼拝所《れいはいじょ》と集会所、役所、学校、公民館のような役割なのかもしれませんね。そのため、病院や診療所《しんりょうじょ》などは、みんなが集まるモスクのそばに建てられることが多いようです。

モスクの中には、礼拝がしやすいように、通常《つうじょう》じゅうたんが敷《し》きつめられています。礼拝は男女別におこなわれるので、女性《じょせい》のための部屋が別にあるか、２階に設《もう》けられていることもあります。キリスト教の教会と違《ちが》って、神や預言者《よげんしゃ》の像《ぞう》があるわけではありません。モスクの中はがらんとしていますが、壁《かべ》には美しいタイルのモザイクや、コーランの一節が美しく描《えが》かれていることが多いです。

美しいモスクといえば、世界一美しいといわれるトルコのブルーモスク（スルタンアフメト・モスク）、マレーシアにはピンクモスクとも呼《よ》ばれるプトラ・モスク、青いタイルの色がすばらしいイランのイマーム・モスクなど数えだすときりがありません。あまりの美しさに、写真だけでもため息が出そうです。最近話題のモスクといえば、アラブ首長国連邦《しゅちょうこくれんぽう》（ＵＡＥ《ユーエーイー》）のシェイク・ザーイド・モスクです。そのモスクには重さ9トン以上もある巨大《きょだい》なシャンデリアと82個《こ》のドームがあるそうです。

みなさんはモスクを見たことがありますか？　東京にも渋谷区《しぶやく》にとてもきれいなステンドグラスやモザイクのあるモスクがあります。みなさんもモスクに入って見学させてもらうことができます。その場合、男性《だんせい》にも女性にも服装《ふくそう》の規則《きそく》がありま す。男性の場合、肩《かた》からひざにかけて肌《はだ》が見えてはいけないことになっています。

スルタンアフメト・モスクの内部

写真：ZUMAPRESS／アフロ

ですから、半ズボンやノースリーブでは立ち入ることはできません。女性《じょせい》については、顔と手首から先以外は見えないようにしなければなりません。つまり、ヴェールやスカーフできちんと髪《かみ》の毛《け》を隠《かく》し、体の線を隠すようなゆったりした服装《ふくそう》でなければなりません。世界の観光地の有名なモスクでは、女性のためにスカーフや長いコートのような服を入り口で貸《か》し出《だ》してくれる場合もあります。

Q&A 12

イスラム教で禁止《きんし》されていることはありますか？

禁止されていることも、望ましいとされていることも、コーランにはたくさん書いてあります。たとえば、女性《じょせい》の服装《ふくそう》や飲酒などについて、とても具体的に書かれています。

よく知られている禁止事項《じこう》としては、①豚《ぶた》を食べること、②お酒を飲むこと、③女性が髪《かみ》の毛《け》を見せること（顔と理解《りかい》されている場合もある）、④結婚前《けっこんまえ》の男女交際《こうさい》、⑤肌《はだ》の露出《ろしゅつ》（特に女性ですが、男性も）⑥銀行の利子、などでしょう。

「うわぁ、規則《きそく》ばかりで大変そう！」と思ってしまうかもしれませんが、イスラム教徒側からすれば、「神が決めてくださったことを守ればよいのでしょう？　自分ひとりでよいことかどうか悩《なや》むよりいいのでは？」というふうにとらえているようです。むしろ、神から告げられたのなら、積極的に守りたいと考えているようです。

コーランには、服装《ふくそう》や日ごろのおこないから商売にいたるまで、いろいろなことがらについてイスラム教徒としての「義務《ぎむ》」、「推奨《すいしょう》（勧《すす》められること）」、「許可《きょか》」、「忌避《きひ》（避《さ》けたほうがよいこと）」、「禁止《きんし》」の5つに分けて具体的に示《しめ》してあります。禁止事項《じこう》ばかりが書いてあるわけではなく、積極的におこなったほうがよい行為《こうい》も数多く書かれているのです。つまり、イスラム教徒は自らのおこないを、コーランと、ハディースという、預言者《よげんしゃ》ムハンマドの言ったことや模範的《もはんてき》な行動が書かれた本に、照らし合わせて生活しているといえるでしょう。

イスラム教の国の中には、禁止事項をきちんと守っているか、宗教警察《しゅうきょうけいさつ》がパトロールしている国もあります。宗教警察がない国も、もちろんあります。同じように、個人《こじん》でもすべてをきちんと守りたい人もいれば、守りたいと思っていても守れない人もいます。

イスラム教では、神だけが完全な存在《そんざい》であり、人間は弱くて不完全なものだと理《り》解《かい》されています。そのため、禁止事項《きんしじこう》を守れなかったときには「書かれているようにできない場合は、貧《まず》しい人に寄付《きふ》しなさい」などと、できないときの対処《たいしょ》方法がきちんと指示《しじ》されていることが多いのです。

たとえば、豚《ぶた》を食べてはいけないとコーランには書かれていますが、その後の記《き》述《じゅつ》には、豚しか食べるものがない場合など、どうしようもなく食べた場合は罪《つみ》ではないと書かれています。ですから、知らずに豚を食べてしまったり、アルコールが入ったものを口にした場合も、本来なら罪はないことになります（だからといって、事前に知っていたにもかかわらず、知らないふりをしてイスラム教徒に豚やアルコールを提供《ていきょう》することはあまりにもひどいことでしょう）。

また、コーランには他人の悪口を言ったり、他人の信仰心《しんこうしん》を疑《うたが》ってはいけないとも書かれています。ですから、たとえイスラム教徒が禁止事項を守っていなかったとしても、ほかの人がそれを注意するのは間違《まちが》っています。神がすべてを見ているということは、おそらくイスラム教徒自身が最もよく知っているからです。

Q&A 13

豚《ぶた》を食べられないのですか?

イスラム教では、豚肉を食べることはコーランにおいて禁《きん》じられています。豚肉そのものだけでなく、豚肉から作ったゼラチンも基本的《きほんてき》には食べることができません。豚肉を調理した後のまな板で調理されたものも食べられません。

中東でも、キリスト教徒の住んでいる地区では、豚で作られたハムが売られていました。けれども、イスラム教徒はそのハムに触《ふ》れることができないので、ハムを切ったり、袋《ふくろ》に入れるためには、わざわざキリスト教徒の担当者《たんとうしゃ》を呼《よ》びに行かなければならないほどの徹底《てってい》ぶりでした。

なぜ豚肉を食べてはいけないのかというと、イスラム教の生まれた地域《ちいき》は暑い場所なので、豚肉は傷《いた》みやすかったためとか、疫病《えきびょう》を広めたからとかいろいろなことがいわれています。ですが、実際《じっさい》にイスラム教徒になぜ? と聞いたとしても、

「コーランで決められているから」という答えしか返ってこないでしょう。

逆《ぎゃく》に、私《わたし》たちに対して「なぜ豚《ぶた》を食べるの?」と聞かれても、「おいしいから」としか答えられないことも確《たし》かだと思います。おいしいことを教えてあげようとして、親切心からイスラム教徒に豚を食べさせようとする人もいますが、これはしてはいけないことです。

じつはイスラム教だけでなくユダヤ教でも、豚は「不浄《ふじょう》のもの(汚《きたな》いもの)」とされていて食べることを禁《きん》じています。イスラム教でも厳密《げんみつ》にいうと、食べることができるのは、牛や羊、鶏《にわとり》といった肉類も、イスラム教の規則《きそく》にのっとって屠畜《とちく》されたものに限《かぎ》るという条件《じょうけん》がついています。その規則は細かく決まっていて、たとえば、屠畜する人はイスラム教徒、もしくはユダヤ教徒、キリスト教徒で、屠畜する際《さい》には「ビスミッラー、アッラーフ・アクバル(アッラーの御名《みな》において。アッラーは偉大《いだい》なり)」と唱えることなどがあります。

規則をどこまで守るのかは、同じイスラム教徒といえどもかなり異《こと》なっています。厳格に守りたい人は、おそらく日本を旅行している間は「ハラール」と呼《よ》ばれる「イスラム教徒が食べることができます」と承認《しょうにん》された肉しか口にできないことになります。もっと細かく気をつけている人なら、たとえば、野菜コロッケ自体はジャガイモとパン粉と卵《たまご》でできているので問題ないのですが、揚《あ》げ油《あぶら》にラードという豚《ぶた》の脂《あぶら》が使われている場合には食べることができないことになります。

短期間の旅行なら、その期間中だけ肉を食べなくても健康を害することはないでしょう。長期の旅行でタンパク質《しつ》が不足しそうな場合でも、魚については禁止事項《きんしじこう》があまりないので食べることができます。

旅行中は「しかたがない」ので野菜コロッケぐらいなら食べることにするという人ももちろんいることでしょう。その決断《けつだん》はそれぞれに任《まか》されています。食べたからといって非難《ひなん》される問題ではないからです。神はすべてを見ているので、他者がとやかく言う問題ではないという考え方です。ですが、おそらくそういう人でも「豚肉だけは食べられない」という人が圧倒的《あっとうてき》多数です。

Q&A 14

豚肉《ぶたにく》を食べてはいけないのなら、何を食べているのですか？お菓子《かし》は？

イスラム教徒は世界各地に暮《く》らしているので、その土地のものをそれぞれ食べています。主食はパンのところが多いです。中東では、発酵《はっこう》させない、ぺたんこの平らなパンがよく見られます。パンは種類も豊富《ほうふ》でとてもおいしいです。日本の菓子パンのような、甘《あま》いパンは「お菓子」だと思われています。

パンが主食の地域《ちいき》でもお米も食べます。炊《た》き込《こ》みご飯や、お米を牛乳《ぎゅうにゅう》で甘く煮《に》てプリンのようなものにすることもよくあります。日本のようにお米を主に食べているのは、おそらくマレーシアやインドネシアなどの東南アジアの国々から、イラン北部にかけての水の豊《ゆた》かな地域のイスラム教徒です。

豚について

イスラム教徒は基本的《きほんてき》に、豚肉《ぶたにく》や豚から作られたハムやソーセージは食べることができません。豚肉だけに気をつければよいわけではありません。じつはゼリーの素《もと》であるゼラチンのほとんどは、豚から作られています。ですから、ゼリーも食べることはできません。さらに、ポテトチップスやスナック菓子《がし》の袋《ふくろ》の裏《うら》の材料が書いてある内容《ないよう》表示《ひょうじ》を見てみてください。とんこつ味などはいうまでもないのですが、バーベキュー味やしょうゆ味のものにも、ポークエキス（豚からとった調味料）が入っていることがあります。こうしたものは、イスラム教徒にとって食べられないものになるでしょう。

お酒としょうゆについて

豚だけではなく、イスラム教徒はアルコールもとってはいけないことになっています。アルコールというと、ビールやお酒だけを考えがちですが、じつはお菓子《かし》の香《かお》りづけや、しょうゆや一部の液体《えきたい》だしにまでアルコールが入っているのを知っていますか？試《ため》しに、家の台所にあるしょうゆのビンの裏《うら》の表示《ひょうじ》を確認《かくにん》してみてください。大豆、小麦、食塩だけのものもありますが、最後にアルコールと書かれてはいませんか？　アルコールは、しょうゆを腐《くさ》らせないという目的で使われているのだそうです。

日本で外食をしようとすると、しょうゆを避《さ》けることはとても難《むずか》しいことです。お刺身《さしみ》を食べるだけなら、アルコールの入っていないしょうゆを自宅《じたく》から持っていくことはできるでしょう。ですが、煮物《にもの》、うどんやそばなど、しょうゆなしの食品を探《さが》すのはかなり大変です。しかも、煮物やうどんなどのしょうゆにアルコールが入っているかどうかを調べることはほとんど不可能《ふかのう》でしょう。旅行者なら、数日がまんすれば避《さ》けられるかもしれませんが、留学生《りゅうがくせい》など長く日本に住むイスラム教徒の人たちは、しょうゆの中のアルコールをどう考えるのか困《こま》っていたそうです。

コーランのお酒に関する記述《きじゅつ》を見ると、最初のころはお酒が禁《きん》じられていなかったようです。当初は、「お酒は役に立つときもあるが、悪いことのほうが多い」という見解《けんかい》でした。それが、礼拝《れいはい》をおこなうはずの人が酔《よ》っぱらって、礼拝の文言を誤《あやま》ってしまうという事件《じけん》が発生しました。それからは、酔ったときは礼拝してはいけないということになりました。さらに、その後、イスラム教徒同士が酔っぱらってけんかし、けがをさせるということがあってからは、お酒がはっきりと「禁止《きんし》」になったのだそうです。

お酒がコーランの中で禁じられているのだから、アルコールが少しでも入っているしょうゆも許《ゆる》されないと考える人もいます。ですが、しょうゆの中に入っているほんのわずかな量のアルコールで、酔っぱらってしまうことはないから（コーランの中で問題になっているのはお酒で酔っぱらった状態《じょうたい》になっていることだから）、まったく気にしないというイスラム教徒ももちろんいます。イスラムの教えでは、神がその人のおこないのすべてを知っているとされています。つまり、人に対して、命令することができるのは神だけです。何を、そしてどのように食べたり飲んだりするのかは、それぞれの人の判断《はんだん》に任《まか》されているのです。

豚肉《ぶたにく》以外の肉と魚

肉類は豚を食べないため、鶏《にわとり》、羊、牛が一般的《いっぱんてき》です。チーズやヨーグルトなどの乳製品《にゅうせいひん》もいろいろな種類があります。もちろん、魚も食べます。魚を生で食べる習慣《しゅうかん》はなく、揚《あ》げたり焼いたりするのが主流です。たとえばトルコでは、サバを焼いてパンにはさんだサンドウィッチがあり、イスタンブールの名物になっています。

全体的に暑い地域《ちいき》が多いので、お料理にはスパイス（香辛料《こうしんりょう》）がよく使われます。スパイスは辛《から》いという印象がありますが、そうとも限《かぎ》りません。スパイスはよい香《かお》りをつけると同時に、傷《いた》むのを防《ふせ》ぐ役割《やくわり》を果たしています。そのため、肉や魚料理にスパイスは欠かせません。

お菓子《かし》

傷《いた》むのを防《ふせ》ぐという意味もあり、お菓子はとても甘《あま》いものが多いです。小麦粉などで作られたお菓子は、揚《あ》げたり、焼いたりした後に、はちみつをたっぷりかけたり、そのままお砂糖《さとう》のシロップにつけこんだりしたものがたくさんあります。伝統的《でんとうてき》なお菓子だけではなく、チョコレートやクッキー、飴《あめ》やガム、アイスクリームもいろいろ売られています。ただし、ケーキやクッキーには、香《かお》りづけのためのラム酒やリキュールは入っていません。その代わりにローズウォーターと呼《よ》ばれるバラの香りをつけるためのシロップを入れたりします。

Q&A 15

ヴェールはだれがかぶるのですか？

「12　イスラム教で禁止《きんし》されていることはありますか？」で、簡単《かんたん》に説明しましたが、イスラム教徒の女性《じょせい》は、自分の父親や兄弟以外の男性の前で、顔や手先、足先以外を見せないようにとコーランにおいて勧《すす》められています。そして、衣服も露出《ろしゅつ》が少なく、体の線が出ないゆったりしたものを着用するのがよいとされています。また、イスラム教の女性には、髪《かみ》を隠《かく》すためのヴェール（スカーフのような布《ぬの》）を着用している人が多いです。

ヴェールの種類には、ヘジャブ（ヒジャブ）と呼《よ》ばれる髪の毛や首を隠すもの（顔は完全に出ている）や、ニカブと呼ばれる目元だけを出すための布、アフガニスタンで見られるブルカと呼ばれる、頭から体全体を完全におおい、目もレースなどで隠すタイプの布までさまざまです。

ヘジャブも黒一色ではなく、東南アジアの国々で流行しているのは、カラフルなもので、色や柄《がら》、留《と》めるピンなどでおしゃれを楽しむようなヘジャブもあります。日本のユニクロも東南アジア諸国《しょこく》では、おしゃれなヘジャブを販売《はんばい》しています。

一日中ずっとヴェールをかぶっているのは大変だと誤解《ごかい》されていますが、ヘジャブやニカブ、ブルカ、これらの布《ぬの》はすべて、自分の父親や兄弟以外の男性《だんせい》がいる場所だけで着用されるのです。つまり、女性ばかりの場所や、家の中ではヘジャブを着用しなくてもよいのです。ですから、一日中ずっとかぶっているわけではないのです。

たとえば、筆者（女性）が女性の友達のところに遊びに行くことになったとします。玄関《げんかん》に迎《むか》えに来てくれるときは、友達はヘジャブをかぶっていますが（玄関を開ける際《さい》に車を運転してきてくれた男性や、近所の男性が見ているといけないので）、部屋の中でおしゃべりをするときはヘジャブをとっています。お母さんや姉妹《しまい》なども、みんなヘジャブはつけていません。

しかし、帰宅《きたく》の際《さい》にだれかが迎《むか》えに来て玄関《げんかん》のチャイムが鳴ると、全員、さっとヘジャブをつけて見送ってくれます。このように基本的《きほんてき》に家の中や、結婚式《けっこんしき》の披露《ひろう》宴《えん》の女性《じょせい》会場など、女性しかいないことがはっきりわかっている場合は、ヘジャブは着用しなくてもよいのです。

子どもがヘジャブをいつごろからかぶるのかは、本人の意思《いし》や周囲の状況《じょうきょう》にもよりますが、だいたい小学校入学ぐらいから低学年の間に着用を始めるようです。時期についてもそれぞれに任《まか》されているようです。実際《じっさい》には、大人になっても「夫や家族が着用しなくてもよい」と言っているとして、ヘジャブを着用しない女性もいます。一方、サウジアラビアやイランなど、ほかの宗教《しゅうきょう》の女性でも外出の際にヘジャブの着用義務《ぎむ》がある国もあります。

欧米《おうべい》のイスラム教徒ではない人々から、ヴェールを無理やり女性にかぶせていることは、女性の自由を奪《うば》っていて、権利《けんり》の侵害《しんがい》であるといわれることがしばしばあります。ヴェールを着用している女性たちにとっては、そのヴェールがなければ外に出るのが恥《は》ずかしい、もしくは姿《すがた》を見られたくないと思っている人も多く、女性自身が着用を選んでいる場合も多いようです。体の線が出ないようにコートのような服を着ることについても、内側はT《ティー》シャツにデニム姿でもかまわないので、あまり不自由していないようです。暑くないの？　と聞かれればもちろん暑いですが、ほこりや砂《すな》、照りつける太陽をよけるのには役に立ちます。

Q&A 16 結婚式《けっこんしき》ってありますか？

イスラム教の人々ももちろん、結婚式をします。日本でも結婚式と披露宴《ひろうえん》があるように、イスラム教徒もニカーと呼《よ》ばれる結婚契約式《けっこんけいやくしき》の後、披露宴をおこないます。披露宴はおこなってもおこなわなくてもよいのですが、結婚契約式をおこなわないとイスラム教徒として結婚したことにはなりません。

永遠《えいえん》の愛 VS《バーサス》 契約

キリスト教では神に対して永遠の愛を誓《ちか》いますが、イスラム教では神に対して誓うことはしません。「永遠」という言葉を使ってよいのは、神だけであると考える（人間は「永遠」を口にしてもあてにならないと考える）ためです。イスラムでは、結婚は新郎《しんろう》と新婦《しんぷ》の個人同士《こじんどうし》の契約だとみなします。そのため、イスラム教の結婚契約式には、ちゃんと契約《けいやく》を取《と》り交《か》わしたことを見届《みとど》ける、結婚《けっこん》の保証人《ほしょうにん》が必要となります。契約式はモスクでおこなわれることが多いようです。基本的《きほんてき》にはイスラム法をよく知っている人がいれば、モスクではなく自宅《じたく》など別の場所でおこなうこともできます。

通常《つうじょう》はコーランが唱えられたのちに、新郎新婦《しんろうしんぷ》とその保護者《ほごしゃ》は、結婚の証人となるイスラム教徒の成人男性《だんせい》2名の前で、自分の意思《いし》で結婚するのか、マハル（マフル）と呼《よ》ばれる、結婚の際に女性側に支払《しはら》われるお金の金額《きんがく》に同意しているのか（結婚前に支払われる金額と、離婚《りこん》となった場合に女性に支払われる金額）などについて質問《しつもん》されます。これらの質問に新郎新婦が同意した後に、新郎と新婦、両家の父親、保証人の男性、イスラム法をよく知っている人の全員が契約書にサインをおこなって契約式が終わります。

披露宴《ひろうえん》は男女別?!

契約式《けいやくしき》が終わってから披露宴となりますが、披露宴は一般的《いっぱんてき》には男女べつべつにおこなわれます。披露宴は、親せきや友達だけでなく近所の人までやってくるような、小さな村では村全体が参加するような「お喜びごと」です。規模《きぼ》によりますが、食事やお菓子《かし》が提供《ていきょう》され、参加する人はお祝いを持ってやってきます。

男女別の披露宴がどんなふうなのか想像《そうぞう》できないかもしれませんね。イスラムの教えでは、女性《じょせい》の美しい部分は夫以外に見せてはならないので、男性会場に新婦《しんぷ》が行くことはありません。男性側の会場は、新郎《しんろう》に「おめでとう！」とあいさつした後は、ひたすら食事やお茶をしながら、踊《おど》りを踊ったりしますが、男性客が新婦を見ることはありません。男性だけなので、かなり地味な感じになってしまいがちです。

一方、女性側の会場は、男性会場と違《ちが》って、「華《はな》やか！」の一言につきます。女《じょ》性陣《せいじん》はじつはこの日のためにかなりおしゃれしてくるので、コートの中はきらびやかで色とりどりのドレスを着ていたりします。そのため、ダンスをしていてもすばらしくきれいです。

会場に新郎《しんろう》がやってくるときだけ、みんながいっせいにさっとコートを着て、スカーフをかぶるので、アナウンスなどなくてもその衣装《いしょう》替《が》えで、「あぁ、新郎が登場するのね」とわかります。新郎は女性《じょせい》だけが数十人もいる部屋に入り、いっせいにじっと見られるので、この日ばかりは新郎のほうが新婦《しんぷ》以上に緊張《きんちょう》しているのだそうです。

日本の披露宴《ひろうえん》のようなスピーチや余興《よきょう》はなく、席も決まっていません。招待客《しょうたいきゃく》は好きな時間にやってきて、好きな時間に帰っていきますが、その間、ひたすら食べて、歌って、踊《おど》るのが一般的《いっぱんてき》で、披露宴は夜中まで続くこともしばしばです。

Q&A 17 イスラム教徒の女性《じょせい》は顔を隠《かく》していたりするのに、どうやって結婚《けっこん》相手《あいて》を探《さが》すのですか？

イスラムの教えを信仰《しんこう》する社会では、女性は家族以外の男性の前で髪《かみ》や顔を隠しています。しかも、学校は小学校低学年までは共学でも、それ以後は男子校、女子校に分かれてしまいます。そのうえ、基本的《きほんてき》には、結婚前の男女交際《こうさい》は禁止《きんし》です。それなら、いったいどうやって結婚相手を探すのでしょう？

結婚式の説明でも少し触《ふ》れましたが、イスラム社会では結婚前に男性側が女性にマハルと呼《よ》ばれるお金を支払《しはら》わなければなりません。このマハルがかなりの高額《こうがく》なのです。（日本でもよく、「エンゲージリング〈婚約指輪〉は給料の3か月分」などといわれていましたが〈調査《ちょうさ》によれば、実際《じっさい》の購入金額《こうにゅうきんがく》は給料の1か月分くらいだそうです〉、それとは比《くら》べものにならないぐらい高くなっています。）最も物価《ぶっか》の高い国の一つ、アラブ首長国連邦《しゅちょうこくれんぽう》（UAE《ユーエーイー》）では、マハルは2008年の調査で日本円で800万から900万円になっているのだそうです。ほかの国ではこれほどまでに高くはありませんが、マハルがあまりにも高すぎて結婚《けっこん》できない男性《だんせい》が増《ふ》えていることが、社会問題になっているほどです。

結婚までの道のり

男性側にとって結婚の準備《じゅんび》とは、このマハルを用意するために、何年もがんばって仕事をしてお金を蓄《たくわ》えることから始まります。ようやくお金の見通しがついてきたら、父母や親せき、近所の人たちに、「こんな女性を探《さが》してほしい」と希望の女性像《じょせいぞう》を伝えておきます。そうすると、「近所にこんな子がいるけど、どう?」という話を、親せきや近所の人が持ってくるので、その女性の条件《じょうけん》を見て家族会議が始まります。家族会議でOK《オーケー》となったら、まずお母さんが女性を見に行ったり、近所に評判《ひょうばん》を聞きに行ったりして、気に入ったら両家の話し合いが開始されます。女性側もOKとなると、婚約成立《こんやくせいりつ》。やっと、ここで本人同士、2人でデートができます。このデートの段階《だんかい》で、どちらかが「だめだ」と思えば婚約解消《こんやくかいしょう》。お互《たが》いが「いいな」となれば結婚に進みます。

これが最も一般的《いっぱんてき》な結婚のパターンです。このシステムなら、女性《じょせい》は着飾《きかざ》って町を歩く必要はありません。本人の顔が見えなくても、お母さんなどが見に行くのであ大丈夫《だいじょうぶ》というわけです。未婚《みこん》の女性たちにとっては、息子《むすこ》を持つ母親の目にとまることが重要になってきます。そのため、女性ばかり集まる結婚式会場には、未婚の女性たちは「ここにこんなすてきな私《わたし》がいますよ！　忘《わす》れないでくださいね」といういうアピールのためにも、着飾ってやってくるのです。未婚の女性本人がそんな気がなくても、母親や家族は必死でアピールという場合もよくあります。

ですから、恋愛《れんあい》結婚はまれです。「え～！　家族が決めるの？」という疑問《ぎもん》が聞こえてきそうですね。本人の意思《いし》より家族の意見が重視《じゅうし》されるのなら、仲のよい夫婦《ふうふ》はあまりいないのね、と思うかもしれませんが、仲のよい夫婦はたくさんいます。恋愛結婚だから、すべての夫婦が離婚《りこん》しないわけではないのと同じことです。

日本でも数十年前、曾祖父母《そうそふぼ》の時代にはお見合いがふつうでした。イスラムの社会の場合、婚約《こんやく》の段階《だんかい》で本人同士が会うことができるので、本人の意思がまったく反映《はんえい》されないというわけではありません。あくまでも結婚は家同士、家族全体の問題という考え方が強いのです。

Q&A 18
お葬式《そうしき》ってありますか？

日本は亡《な》くなった人を火葬《かそう》（遺体《いたい》を焼いて骨《ほね》だけを埋葬《まいそう》すること）することがほとんどですが、イスラム教では火葬はしません。日本でも明治《めいじ》時代までは土葬（遺体をそのまま埋葬すること）が主だったそうですが、土葬をする土地を確保《かくほ》することが難《むずか》しくなり、火葬へと変わっていったといわれています。

仏教《ぶっきょう》では火葬を特に嫌《きら》う理由はありません。ところがイスラム教の場合は、人間は亡くなった後、神による「最後《さいご》の審判《しんぱん》」を受けて来世に行くと信じられています。火葬にしてしまっては、来世に行くための体がなくなってしまうので、火葬はおこないません。

日本の火葬率《かそうりつ》は99・9％ですが、仏教徒《ぶっきょうと》の多い韓国《かんこく》でも、火葬と土葬はおよそ8対2でした。キリスト教徒の多いアメリカではもともと土葬が多いのですが、やはり土地問題でしだいに火葬《かそう》が増《ふ》えており47％程度《ていど》といわれています。つまり、世界的に見ると、日本のように火葬が圧倒的《あっとうてき》というわけではありません。

お葬式《そうしき》は日本と比《くら》べると非常《ひじょう》に簡素《かんそ》です。遺影《いえい》やお花はありません。礼拝《れいはい》を指《し》導《どう》する人が定《さだ》められているコーランの一節を読みあげ、みんなと祈《いの》って礼拝は終わりとなります。イスラム教徒が亡《な》くなると、宗教上《しゅうきょうじょう》は24時間以内に埋葬《まいそう》すべきだとされています。モスクでの礼拝が終わると、親せき（男性《だんせい》）や近所の男性が棺《ひつぎ》をかつぎ、埋葬のために墓地《ぼち》に向かいます（モスクではなく墓地で礼拝をおこなうこともあります）。埋葬の際《さい》には、遺体は右半身を下にして顔がメッカの方角を向くように埋《う》められます。

日本で亡くなったイスラム教徒の場合は、土葬が難《むずか》しく（土葬には役所の許可《きょか》が必要です）、そして土葬を受け入れてくれる墓地探《ぼちさが》しがもっと大変なようです。土葬が可能な墓地は日本にもありますが、数が限《かぎ》られているのです。

個人的《こじんてき》に命日にお墓参《はかまい》りはしますが、日本のように四十九日《しじゅうくにち》とか三回忌《さんかいき》といった決まった法要の風習は、イスラム教にはありません。お墓《はか》の墓石もただの石だけという場合もあるほどで、日本の磨《みが》き上《あ》げられた立派《りっぱ》な墓石《はかいし》と比《くら》べると質素《しっそ》なものが多いです。最後の審判の日によみがえって来世に行くため、豪華《ごうか》なお墓は必要にならないのでしょう。

Q&A 19 お休み（休日）やクリスマスはありますか？

日本ではお休みというと、土曜日、日曜日と祝日のことだと考えます。これらのお休みは、宗教的《しゅうきょうてき》に意味があるお休みというわけではありません。ところが、イスラム教徒の多い国では、宗教上のお休みと、建国記念日のように国家が制定《せいてい》するお休みの2種類があります。

イスラム教では通常《つうじょう》金曜日がお休みです。なぜなら、成人の男性《だんせい》はモスクに行って集団《しゅうだん》で礼拝《れいはい》をおこなうことがよいとされているためです。以前はイスラム教徒の多い国の休日は、木曜日と金曜日、つまり金曜日の礼拝に備《そな》えるために、前日の木曜もお休みという国が多くありました。

ところが、海外の国と取引などをしようとすると、イスラム教の国以外は土曜日と日曜日がお休みのところが多いので、木曜日から日曜日までの4日間にわたって連絡《れんらく》がつかないことになってしまいます。そのため、最近ではイスラム教の国でも、休日を金曜日と土曜日にする国が多くなっています。

クリスマスについてですが、クリスマスはイエス・キリストの生誕《せいたん》を祝う日です。ショッピングモールなどでは飾《かざ》り付《つ》けをおこなっているところもありますが、通常《つうじょう》、イスラム教徒はお祝いをしません。

イスラムの宗教上《しゅうきょうじょう》の休日は2つあります。イード・アル＝フィトル（ラマダン明けを祝う祝日：イスラム暦《れき》の第10月1日）と、イード・アル＝アドハー（犠牲祭《ぎせいさい》：第12月10日）です。イードとは祝日という意味です。イード・アル＝フィトルは3日間、イード・アル＝アドハーは4日間続きます。

イード・アル＝フィトルは、ラマダンが終わった翌日《よくじつ》の朝から始まります。これは無事にみんな断食《だんじき》を終えられたというお祝いの行事です。通常、礼拝《れいはい》をおこなった後に、真新しい服を着て、家族や親せきを訪問《ほうもん》しあい、集まって食事をしたりします。

この日は子どもたちがプレゼントや、おこづかいをもらえることが多いようです。親せきを回っておこづかいをもらうなんて、まるで日本のお年玉のようですね。家族や親せきが集まってお祝いするのもお正月のようです。そしてお正月の帰省ラッシュのように、イードのときは家族とお祝いをするために、みんながいっせいに家路を急ぐので道路が大渋滞《だいじゅうたい》になることもあります。

イード・アル＝アドハーは巡礼月《じゅんれいづき》の、巡礼が終わった次の日から始まります。この日は「犠牲祭《ぎせいさい》」というだけあって、通常《つうじょう》、モスクで礼拝《れいはい》をしたのちに、羊ややぎ、牛などを各家庭で神の犠牲としてささげます。そして、それを自分の家庭だけではなく、貧《まず》しい人や近所の人に分けるというのが原則《げんそく》です。貧しい人々にも、イード・アル＝アドハーのお祝いができるようにするため配慮《はいりょ》されているのです。

現在《げんざい》では、肉を毎日食べている人もいるかもしれませんが、昔はめったに食べられるものではなかったはずです。だからこそ、貧しい人と分かち合って、神の恵《めぐ》みに感謝《かんしゃ》するというのが、このお祭りの意図するところです。

どちらのイードのときも、「イード、おめでとう！」という意味のあいさつがあります。「イード・ムバーラク（祝祭を祝福しますの意味）」と言えばよいのです。これはイスラム教徒でなくても使えますので、機会があれば使ってみてくださいね。

Q&A 20 学校はどんなふうですか？

イスラム教徒の国といっても、本当にさまざまな国があります。学校という制度《せいど》については、小学校6年制、中学校3年制、高等学校3年制、大学4年制という日本と同じパターンが大半です。これを6－3－3－4制といいます。そのほかには、5－4－3－4や10－2－4、8－4－4というパターンもあります。足し算をするとわかるのですが、高等学校まではいずれも12年間になっています。おそらく、大学では留学《りゅうがく》する学生も多いことから、大学生になる年齢《ねんれい》を世界の国々と一《いち》応《おう》合わせているようです。

イスラムの教えを厳《きび》しく守りたい国々では、小学校から男子校と女子校に分かれています。大学になると、共学のことが多いようです。学校が不足していたり、学校が遠い場合、たとえばヨルダンでは小学校3年生までは、男子は女子校に通ってもよいという特別な条件《じょうけん》がついています。また、学校不足が深刻《しんこく》な地域《ちいき》では、2部制《ぶせい》といって朝から始まる授業《じゅぎょう》と、お昼から始まる授業とに分かれている場合もたくさんあります。朝に学校に来る生徒は朝だけ、午後からの生徒は午後だけと決まっていて、一緒《いっしょ》に授業を受けることはありません。

イスラム教が国の宗教《しゅうきょう》（国教）と定められている場合には、おおむね国語や算数、理科、社会など日本で学んでいる教科のほかに、宗教つまりイスラム教の時間があり、コーランなどを学んでいます。たとえば、インドネシアはイスラム教徒が多い国で、言語はインドネシア語です。それでも、宗教の時間にはアラビア語でコーランを学ぶのだそうです。

日本と大きく異《こと》なっているのは、掃除《そうじ》の時間がないことでしょう。サウジアラビアのテレビ番組で数年前に、日本の小学校での掃除時間の様子が紹介《しょうかい》されました。サウジアラビアの人々にとって、自分の教室を自分たちできれいに清掃《せいそう》するという姿勢《しせい》が、とても新鮮《しんせん》ですばらしいことだと認識《にんしき》されたそうです。これはいい！

ということになり、放送を見ていた人々が「私《わたし》たちも見習うべき」として、あえて教育省に申し入れて、掃除《そうじ》が始まった小学校もあったのだそうです。

給食はというと、中東では給食を提供《ていきょう》している国はあまりないようです。家からサンドウィッチのような簡単《かんたん》なお弁当《べんとう》を持ってくるのが一般的《いっぱんてき》です。アジアの国でいうと、パキスタンやインドネシアでは給食はありません。マレーシアには給食があるそうですが、日本のようにいろいろなメニューがあるわけではないようです。

暑い地域《ちいき》が多いためか、学校が始まる時刻《じこく》は午前7時半からで、おおよそ午後1時半までというパターンが多いようです。世界の学校についてもっと

知りたいなと思った人は、外務省《がいむしょう》のＨＰ《ホームページ》の中にある「ＫＩＤＳ《キッズ》外務省」に世界各国の学校事情《じじょう》が詳《くわ》しく掲載《けいさい》されていますので見てくださいね。（www.mofa.go.jp/mofaj/kids/）

Q&A 21 どんなスポーツが人気ですか？

中東で一般的《いっぱんてき》に最も人気のあるスポーツといえば、サッカーです。近年、サッカー日本代表もかなり力をつけてきて、アジア代表になることも多くなってきましたが、中東の国々もかなりの強豪《きょうごう》ぞろいです。ヨルダン、カタール、アラブ首長国連邦《しゅちょうこくれんぽう》（UAE《ユーエーイー》）、モロッコなど多くの国にプロリーグがあります。男子のあこがれはやはり、サッカー選手でしょう。中東でも日本の『キャプテン翼《つばさ》』は、『キャプテンMAJID《マージド》』と名前を変えて人気アニメの一つになっているほどです。

サッカー以外では、オリンピックでもメダルを獲得《かくとく》している、レスリングと重量挙げがあります。この2つの競技《きょうぎ》はエジプト、トルコ、イランなどで人気があり、メダリストを多数、輩出《はいしゅつ》しています。また、あまり知られてはいませんが、モロッコやアルジェリアなどでは、陸上の中距離競技《ちゅうきょりきょうぎ》が強く、こちらもメダリストを出しています。そのほかには、インドネシアやマレーシアでは、バドミントンが国技とされているほど人気の高いスポーツです。

女子のスポーツに関する問題

イスラム教の国でスポーツというと、必ず問題となるのが、女子のスポーツに対する姿勢《しせい》です。イスラムの教えでは、女性《じょせい》が人前に出ることは好まれず、ヘジャブを着用することがよいとされています。そのため、一般的《いっぱんてき》に女性がスポーツを楽しむという習慣《しゅうかん》があまりありません。

そのうえ、世界大会やオリンピックのレベルにまでなるためには、コーチや監督《かんとく》がすべて女性のみというわけにはなかなかいきません。イスラムの社会では、結婚《けっこん》前《まえ》の女性が親族以外の男性と話をすることさえ嫌《きら》うので、コーチや監督が男性というだけで、「参加させられない」と考える親のほうが多いのです。

さらに、試合のための遠征《えんせい》なども、おそらく「女子がひとりで旅するなんてとんでもない！」と行かせてもらえないというのが実情《じつじょう》でしょう。ですから、まずスポーツの拡大《かくだい》には、女性《じょせい》の指導者《しどうしゃ》が必要になります。

ですが、スポーツをする女性の数がそもそも少ないため、指導者を育てることはとても難《むずか》しい問題です。女性の指導者がいないから、女子がスポーツに参加できない、参加できないから指導者が生まれないという悪循環《あくじゅんかん》に陥《おちい》ってしまいがちなのです。

2012年まで、サウジアラビア、カタール、ブルネイの3か国はオリンピックに女子選手を参加させたことがありませんでした。2012年に初めてサウジアラビアが女子2名をオリンピックに送《おく》り込《こ》みました。1名は女子柔道《じゅうどう》に、もう1名は陸上800mに出場しました。陸上に出場した選手はアメリカで育った女性のようでしたが、サウジアラビア国内でこの女子選手が競技《きょうぎ》に参加している姿《すがた》は放映《ほうえい》されませんでした。

2016年のオリンピックに、女子選手を参加させたイスラム教の国の中で話題になっていたのは、ビーチバレーボール女子にエジプト選手が参加していたことでしょう。ほかの国の選手はみんなビキニ姿《すがた》でしたが、エジプト選手はヘジャブに長《なが》袖《そで》、長ズボンという姿で対戦していたのです。筆者はビーチバレーという競《きょう》技《ぎ》をしたことがないので、ビーチバレーのユニフォームが、露《ろ》出《しゅつ》度《ど》の高いビキニでなければならない理由はわかりません。海岸の砂浜《すなはま》でおこなう競技なので、ビキニだと日焼けをしたり、ウェアに砂《すな》が入るのではないかと、いらない心配をしてしまいますが、ヘジャブをかぶる習《しゅう》慣《かん》のない私《わたし》たちから見ると、ヘジャブをかぶってスポーツするのも大変そうです。

実際《じっさい》、同じイスラム教徒でもトルコやウズベキスタンなどの女子選手の中には、ヘジャブをかぶらない選手もいました。そうかと思えば、アメリカチームの中にはヘジャブをか

ぶって参加した女子柔道選手《じゅうどうせんしゅ》もいたのです。

これまで、女子のスポーツへの参加をよいこととしてこなかったイスラム教の国々でも、最近は男女問わず肥満《ひまん》と健康の問題が指摘《してき》されており、じょじょにですが女性《じょせい》のスポーツへの参加が認《みと》められるようになってきているそうです。

Q&A 22

日本に来たイスラム教徒をどうやっておもてなしすればよいですか？

せっかく日本に来てくれたからこそ、喜んでもらえるようなおもてなしがしたいと思いますよね。おもてなしというと、つい、日本の古い神社仏閣《じんじゃぶっかく》を見せてあげたいし、日本食を食べてもらいたいし、日本を満喫《まんきつ》できるように、あれもこれもと、思いつく限《かぎ》りの日本流のおもてなしを計画してしまいがちです。

ですが、基本《きほん》はまず、相手が日本で何をしたいか、何を食べたいのか、何がだめなのかなどを細かく聞くことから始めましょう！　イスラム教徒と一口に言っても、宗教的《しゅうきょうてき》に何をどこまで重視《じゅうし》するのか、ひとりひとり違《ちが》っています。私《わたし》たちも、旅行で外国に行くときの目的は、人によってさまざま、食べたいものも、見たいものも違っています。相手を尊重《そんちょう》するという基本がしっかりしていれば、当然、会話も生まれ、話も弾《はず》むことでしょう。そうなれば、おもてなしの半分は成功したといえるでしょう。そのうえで、注意したほうがよいかなと思われる例を３つあげておきたいと思います。

神社やお寺の訪問《ほうもん》

イスラム教徒を神社やお寺に連れていってもよいのですか？　とよく質問《しつもん》されます。これはまず、訪問したいかどうかについて、本人に尋《たず》ねる必要があるでしょう。訪問を希望したからといって、神社やお寺で参拝《さんぱい》するかどうかは別の問題です。

厳格《げんかく》にイスラムの教えを守りたい人は、おそらく建物を見学しても、参拝はしないと思います。つまり、おじぎをしたり、手を清めたりなどは一切《いっさい》しないかもしれません。なぜなら、おじぎもお清めも宗教行為《しゅうきょうこうい》（宗教的な儀式《ぎしき》）の一部とみなすことがあるためです。もちろん、イスラム教徒の中にも厳格に規則《きそく》を守りたい人と、厳格である必要はないと思う人もいることでしょう。そういう差があるのだということを、あらかじめ知っておくことが重要です。

温泉《おんせん》や銭湯《せんとう》

日本らしい場所といえば、温泉や銭湯。旅行中の疲《つか》れをとるには最適《さいてき》！　と思っていませんか？　イスラム教徒の場合、ほかの人と裸《はだか》で一緒《いっしょ》に大きなお風呂《ふろ》に入るという習慣《しゅうかん》はありません。中東の国にもハンマームという銭湯に似《に》たものはありますが、薄《うす》い布《ぬの》を巻《ま》いて入るため、みんながまったくの裸でお風呂に入るということはありません。

イスラムの教えには男性《だんせい》でも服装《ふくそう》についての決まりがあり、おへそからひざまでは隠《かく》すべきとされています。そのため、ほかの人の前で裸になるということは、ほぼありません。日本の大相撲《おおずもう》に大砂嵐《おおすなあらし》というエジプト出身の関取がいますが、彼《かれ》はインタビューで「エジプトでは裸でやるスポーツになじみがない。相撲はゾウが押し合っているスポーツとやゆされている。一生やりたくないと思っていた」とコメントして、笑いをとっていたほどです。

食事

豚肉《ぶたにく》としょうゆについてはすでに説明しましたが、食事の際《さい》には、何が食べられないのかを事前にはっきり聞いておくのがよいと思います。しょうゆの中のアルコールまで気を使うべきなのか、「煮込《にこ》み料理の場合にはアルコールの成分はすでにとんでいて酔《よ》うことはないから心配いらない」ですむのかは、人それぞれだからです。

「ハラール」という言葉を聞いたことがありますか? ハラールとは、イスラム教徒が食べても問題がない食品という意味です。ハラールであるという認可《にんか》を受けた食品には、ハラール認証《にんしょう》マークがつけられています。相手がまったく食べ物を気にしないですむようにしたい場合は、ハラールというマークを確認《かくにん》してください。

近年、イスラム教徒の来日が増《ふ》えて、浅草《あさくさ》などの観光地ではハラール食品だけを提《てい》供《きょう》するレストランも増えています。まだまだ数は少ないのですが、こうしたレストランを利用すれば、安心して食事することができます。

せっかく日本に来たのに、「マクドナルド」に行きたいと言われてもがっかりしないでくださいね。マクドナルドのハンバーガーを作っているのは、「啓典《けいてん》の民《たみ》」であるキリスト教徒の国だから、イスラム教徒は問題なく食べることができるという考え方もあるのだそうです。

「マクドナルドは全世界一緒《ぜんせかいいっしょ》なのに。せっかく日本にきたのだから日本食を食べさせてあげたいのに」と、思ってしまいがちです。ですが、マクドナルドも、世界中まったく同じというわけではありません。たとえば、日本のマクドナルドのデザートにはアップルパイがありますが、タイのマクドナルドにはアップルパイはなく、パイナップルパイがあります。リンゴは北の寒い地方でしか取れません。一方、パイナップルは暖《あたた》かい南の地域《ちいき》の果物です。このように、もしかしたら日本のマクドナルドには、日本にしかないメニューがあるかもしれません。日本を訪《おとず》れる人に

「楽しんでもらうこと」がいちばんですから、おもてなしを日本流にこだわりすぎることはありません。「楽しかったね」、「新しい発見があったね」とお互《たが》いに言いあえるとよいですね。

（ハラール認証《にんしょう》マーク：認証する団体《だんたい》によっていろいろなマークがありますが、基本的《きほんてき》にハラールとアラビア語で右から左に書いてあります。ちなみに、アラビア語は右から左に書きます。その下にあるHALAL《ハラール》というアルファベットは左から右に書いてあります。）

Q&A 23

「イスラム国」はイスラム教徒のための国のことですか？

日本では「イスラム国」とか、IS《イスラミックステート》、ISIL《アイシル》と呼《よ》ばれていますが、「イスラム国」は国家の名前ではありません。「イスラム国」はイラクで発生した過激《かげき》な武《ぶ》装集団《そうしゅうだん》のことです。武装集団とは、自分の意見に同意しない人や団体、国家に対して、武力《ぶりょく》を使って、自分の意見に同意させようとする人の集まりのことです。

彼《かれ》らの名前は正式には、アラビア語でダウラ・アル＝イスラーミーヤ・フィー・アル＝イラーク・ワッシャームといいます。アラビア語を日本語にそのまま翻訳《ほんやく》すると、「イラクとシリアのイスラム国家」という意味になります。日本では最初に

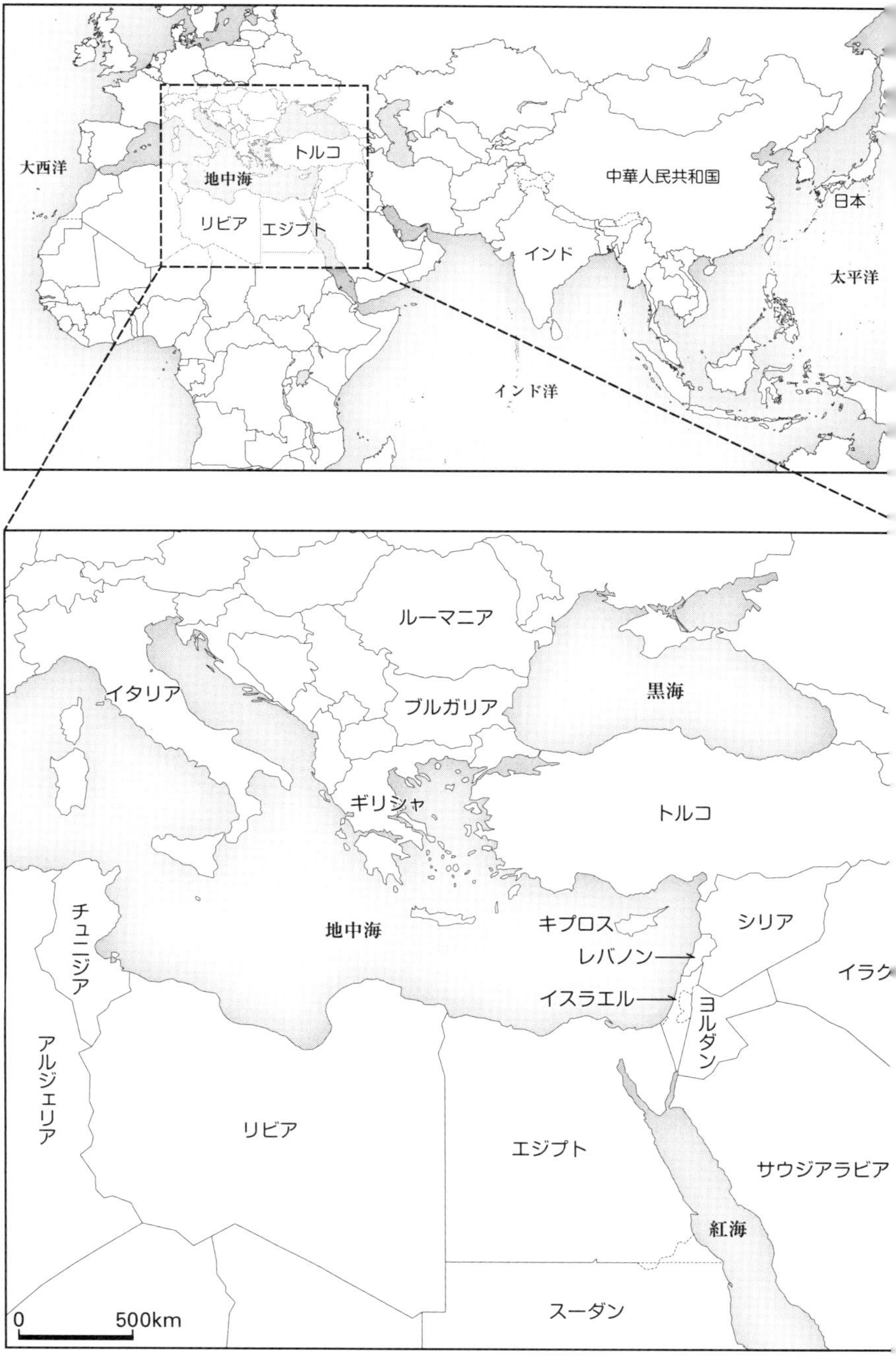
大西洋
地中海
トルコ
リビア
エジプト
中華人民共和国
日本
インド
太平洋
インド洋
ルーマニア
イタリア
ブルガリア
黒海
ギリシャ
トルコ
チュニジア
地中海
キプロス
シリア
レバノン
イスラエル
イラク
ヨルダン
アルジェリア
リビア
エジプト
サウジアラビア
紅海
スーダン
0
500km

報道《ほうどう》された際《さい》に「イスラム国」という名前で呼《よ》ばれ、その呼び名が定着したのでそのまま使われています。けれども「国」という名前がまぎらわしいということで、アメリカやフランスでは「イスラム国」という呼び方をやめて、ダーイッシュ（アラビア語の頭文字《かしらもじ》だけをとって短くした言い方）と呼ばれています。

「イスラム国」はもともと、イラクにおいて反政府活動《はんせいふかつどう》をおこなっていた武装集《ぶそうしゅう》団《だん》です。彼《かれ》らはイスラム教が誕生《たんじょう》したころのイスラムの法律《ほうりつ》を、そのまま現代《げんだい》に適用《てきよう》して厳《きび》しく守るような国家をつくることを目標としています。ですが、多くのイスラム教徒たちは、「彼らはイスラム教を名乗っているが、彼らにとって都合のよいところだけを強調していて、本当のイスラム教ではない」と批判《ひはん》しています。

彼らはイラク社会が混乱《こんらん》して、軍や警察《けいさつ》が弱くなったことにつけこんで、2000年ごろからイラクでテロ活動をおこなっていました。のちほど詳《くわ》しく説明する「アラブの春《はる》」が始まって、シリアが内戦状態《ないせんじょうたい》に陥《おちい》ると、シリアで調達した武器を使って、イラクでも勢力《せいりょく》を拡大《かくだい》させていきました。そして、イラク北部の石油が産出される地域《ちいき》を占領《せんりょう》してしまいました。石油を売って得たお金を利用して、武器や弾薬《だんやく》を購入《こうにゅう》して戦力を強化しました。

さらに、インターネットをたくみに使って、国外からも戦闘《せんとう》に参加する人々を集めたりしました。その結果、彼《かれ》らは占領地をシリアの北東部と、イラクの北西部で拡大《かくだい》させることに成功しました。彼らは2014年に、この地域《ちいき》で「国家」をつくったと宣言《せんげん》しました。けれども、現在《げんざい》まで、彼らの「国」を国家として認《みと》めた国はありません。

（2017年10月、シリアのクルド人勢力《せいりょく》が率《ひき》いる軍の攻撃によって、「イスラム国」の首都ラッカが陥落《かんらく》し、イラクやシリアにおける「イスラム国」による事実上の支配地域は、ほぼ消滅《しょうめつ》することになりました。支配地域はなくなったものの、アフガニスタンやその他の地域でのテロ事件で、その影響力はいまだに失われてはいないと考えられています。）

Q&A
24

「イスラム国」は何をしようとしているのですか?

「イスラム国」の目標は、名前に「国」が入っているように（アラビア語でも入っています）、イスラムの教えに基《もと》づいた国家を建設《けんせつ》することです。「イスラム国」の指導者《しどうしゃ》はアブー・バクル・アル・バグダーディーという人物です。彼《かれ》は2014年に、シリアとイラクの一部の地域《ちいき》において「イスラム国」の国家樹立《じゅりつ》を宣言《せんげん》した際《さい》に、自らを「カリフ」であると発表しました。

カリフとは預言者《よげんしゃ》ムハンマドが亡《な》くなった後の、イスラム教徒を指導する立場で、最高の位を意味します。カリフという役職《やくしょく》についていた最後の人物は、アブデュルメジド2世です。彼はオスマン帝国《ていこく》（1299-1922年）のスルタン（皇帝《こうてい》）でしたが、オスマン帝国は1922年のトルコ革命《かくめい》によって滅《ほろ》ぼされてしまいます。その結果、スルタンの位が廃位《はいい》となり、カリフも廃止されました（1924

年）。「イスラム国」は長らく廃止《はいし》されていた、このカリフという地位を復活《ふっかつ》させて、イスラム教に基《もと》づいた国家をつくり、イスラム教徒全体からの支持《しじ》を集めようとしたのでした。

そして、彼《かれ》らは自分たちが武力《ぶりょく》によって占領《せんりょう》した地域《ちいき》で、人々から税金《ぜいきん》を集めたり、学校を運営《うんえい》したりして、まるで国家を運営しているかのように振《ふ》る舞《ま》っています。その財源《ざいげん》は占領した地域にある石油やガスの密輸《みつゆ》で得たお金、人質《ひとじち》と引きかえに得た身代金《みのしろきん》、略奪《りゃくだつ》したり税金として徴収《ちょうしゅう》したお金、海外からの寄付金《きふきん》などだといわれています。

このように、「イスラム国」は占領した地域で、イスラム法に基づいた統治《とうち》をおこなっていると主張《しゅちょう》しています。けれども、彼らは「イスラム国」を攻撃《こうげき》したヨルダン人パイロットを焼き殺したり、彼らが押《お》しつけた規則《きそく》を守れない人々を殺害したり、鞭打《むちう》ちをしたり、ひどく残酷《ざんこく》な行為《こうい》をしてイスラムの教えを破《やぶ》っています。つまり、イスラムの教えを自分たちの都合のよいように解釈《かいしゃく》をしているのです。

そのため、バグダーディーをカリフであると認《みと》めているのは、「イスラム国」に賛同《さんどう》しているごくわずかな人々だけです。賛同していない大多数のイスラム教徒たちは、彼《かれ》をカリフだと認めてはいませんし、「イスラム国」がイスラムの教えに基《もと》づいているとは思っていません。たとえば、イスラム教スンナ派《は》の最高教育機関であるアズハルは、「イスラム国」について「イスラム」と名乗ることすらしないでほしいというメッセージを発表しています。

このように「イスラム国」の存在《そんざい》を認めていない世界中の国々や人々に対して、「イスラム国」はテロ行為《こうい》をおこなう準備《じゅんび》があると発表しました。テロとは暴力《ぼうりょく》や恐怖《きょうふ》によって、無理やり政治的《せいじてき》な主張《しゅちょう》を押《お》しとおそうとすることです。この場合のテロとは、「イスラム国」を認めていない国や人に、存在を認めてもらうまで、人々に恐怖心を抱《いだ》かせたり、暴力を使うという意味です。

テロ攻撃《こうげき》の対象には、イスラム教徒の国々も含《ふく》まれています。すでにフランス、トルコ、サウジアラビア、イラク、バングラデシュなどで、「イスラム国」が関与《かんよ》していると声明を発表したテロが発生しています。「イスラム国」が声明を発表したすべての事件《じけん》に、彼《かれ》らが実際《じっさい》に関与していたかどうかはわかりませんが、彼らが世界中の人々に脅威《きょうい》を与《あた》えていることは事実でしょう。

Q&A 25 「イスラム国」などがおこなっているような自爆《じばく》テロは、イスラム教では許《ゆる》されるのですか？

自爆攻撃《じばくこうげき》とはそもそも、攻撃をおこなう人の生命が失われるのがわかっているにもかかわらず、攻撃をおこなうことです。たとえば、自分の体に爆弾《ばくだん》を巻《ま》きつけて、大勢《おおぜい》の人の中でその爆弾を爆発させたり、運転手ごと車を人ごみに突《つ》っ込《こ》ませたりするという方法がとられています。

このような行為《こうい》はイスラム教徒に限《かぎ》ったことではなく、第二次世界大戦中は日本軍でもおこなわれていました。帰り道の燃料《ねんりょう》を持たないまま、飛行機で敵《てき》の飛行機や軍艦《ぐんかん》に突っ込んでいく戦闘員《せんとういん》は、日本では神風特攻隊《かみかぜとっこうたい》（特別攻撃隊）と呼《よ》ばれていました。特攻隊員のことは、英語やフランス語でもkamikaze《カミカゼ》と呼ばれており、現在《げんざい》でも辞書に載《の》っています。

ところが、近年、自爆攻撃といえばイスラム教徒の自爆テロとすぐに連想されてしまうほど、自爆《じばく》テロという行為《こうい》がイスラム教徒によっておこなわれることが多くなっています。くりかえしになりますが、テロとは暴力《ぼうりょく》や恐怖《きょうふ》によって、無理やり政治的《せいじてき》な主張《しゅちょう》を押《お》しとおそうとすることです。2001年9月11日にアメリカで起きた同時多発テロ以後、アルカイダ（同時多発テロを実行したとされる）などの過激《かげき》な武装《ぶそう》集団《しゅうだん》によって、自爆テロが急増《きゅうぞう》してきています。

自爆テロはイスラム教徒がおこなうものだという、悪いイメージが定着するほどになっていますが、イスラム教では自爆、つまり自殺は認《みと》められていません。自爆テロをおこなわせたい武装集団の人々が、自爆テロは自殺ではなくジハード（聖戦《せいせん》）であるとイメージをすり替《か》えているのです。ジハードで亡《な》くなった人は通常《つうじょう》、天国へ行けるとされているからです。

ここでいうジハードとは、異教徒《いきょうと》に対する戦いという意味ですが、ジハードとはそもそも、実際《じっさい》の戦闘《せんとう》を意味するだけの言葉ではありません。たしかに、イスラム教徒が迫害《はくがい》されていた布教《ふきょう》の初期の異教徒と戦っていたころには、ジハードという言葉は、武力《ぶりょく》を用いた戦いという意味で使われていました。ですが、むしろその使い方は特殊《とくしゅ》で、本来は「努力」とか「奮闘《ふんとう》」という意味です。

どの戦いがジハードなのかを決めることができるのは、本来であればイスラム教の宗教的指導者《しゅうきょうてきしどうしゃ》であるカリフの役割《やくわり》となります。しかし、カリフは1924年以来存在《そんざい》していないため、この戦いがジハードなのかどうかを決めることはだれにもできないはずなのです。にもかかわらず、ジハードだと主張《しゅちょう》しているということは、武装集団《ぶそうしゅうだん》が自分たちの都合のよいように、この言葉を用いているだけだということになります。

アメリカのピュー研究所は2002年から2013年まで、「自爆《じばく》テロを正当化できますか?」というアンケートをイスラム教徒の多い国々でおこなっています。たとえば、2013年の調査《ちょうさ》はパキスタン、インドネシア、ナイジェリア、ヨルダン、トルコ、エジプト、マレーシアなど合わせて11か国でおこなわれました。その結果は、パレスチナ、セネガル、レバノンの3か国を除《のぞ》いた8か国では、正当化できないと回答した人が70％を超《こ》えていました。なかでもインドネシアとパキスタンは、90％を上回っていました。

つまり、自爆《じばく》テロはイスラム法上認《みと》められていないだけでなく、多くのイスラム教徒の感覚としても、ほぼ認められていないのです。

Q&A 26

「イスラム国」は、多くのイスラム教徒からどのように思われているのですか？

イスラム教徒は「イスラム国」についてどう思っているのか、インターネット上のQ&A《キューアンドエー》サイト（質問《しつもん》にいろいろな人が回答を書《か》き込《こ》めるようになっているサイトのこと）を調べてみました。多くの回答には「テロリストとイスラム教徒を混同《こんどう》しないでほしい」とか、「もっとイスラム教徒について知ってほしい」という願いが書きこんでありました。

イスラム教徒は自分たちと「イスラム国」支持者《しじしゃ》との違《ちが》いを明らかにするために、さまざまな方法で説明を試みていました。ある人は、イスラム教がテロリズムを支持していないことを、コーランや、預言者《よげんしゃ》ムハンマドの言行を記したハディースなど、つまりイスラムの教えから説明していました。

また、ある人は、イスラム法学者が「イスラム国」を非難《ひなん》しているファトワー

（イスラム法学に基《もと》づいておこなわれる見解《けんかい》）は、すでに６００ページを超《こ》えていると説明していました。

「イスラム国」のおこなったテロはニュースとなって大々的に報道《ほうどう》されますが、世界各国のイスラム教徒が、「イスラム国」やテロに反対するデモなどをおこなっていることは、あまり報道されていません。そのため、こうしたデモの写真や動画を多数紹介《しょうかい》して、自分の周囲の人々はもちろん、ほかのイスラム教徒も実際《じっさい》に「イスラム国」に反対していることを示《しめ》した人もいました。

インターネットを利用して調べてみると、アメリカ、イギリス、インド、インドネシアなど、いろいろな国そして場所のイスラム教徒たちが、「テロをおこなうために、イスラムの名前を使うな！」などと書いた紙を手に持って、デモ行進をしていました。こうした、イスラム教徒によるテロ反対のための運動があまりにも報道されていないことに対して、「フェイスブックやツイッターなどを利用して、私《わたし》たちのテロ反対運動の写真を一人でも多くの人に伝えてください！」と書いてある

出典：外務省 海外安全ホームページ（http://www.anzen.mofa.go.jp/）

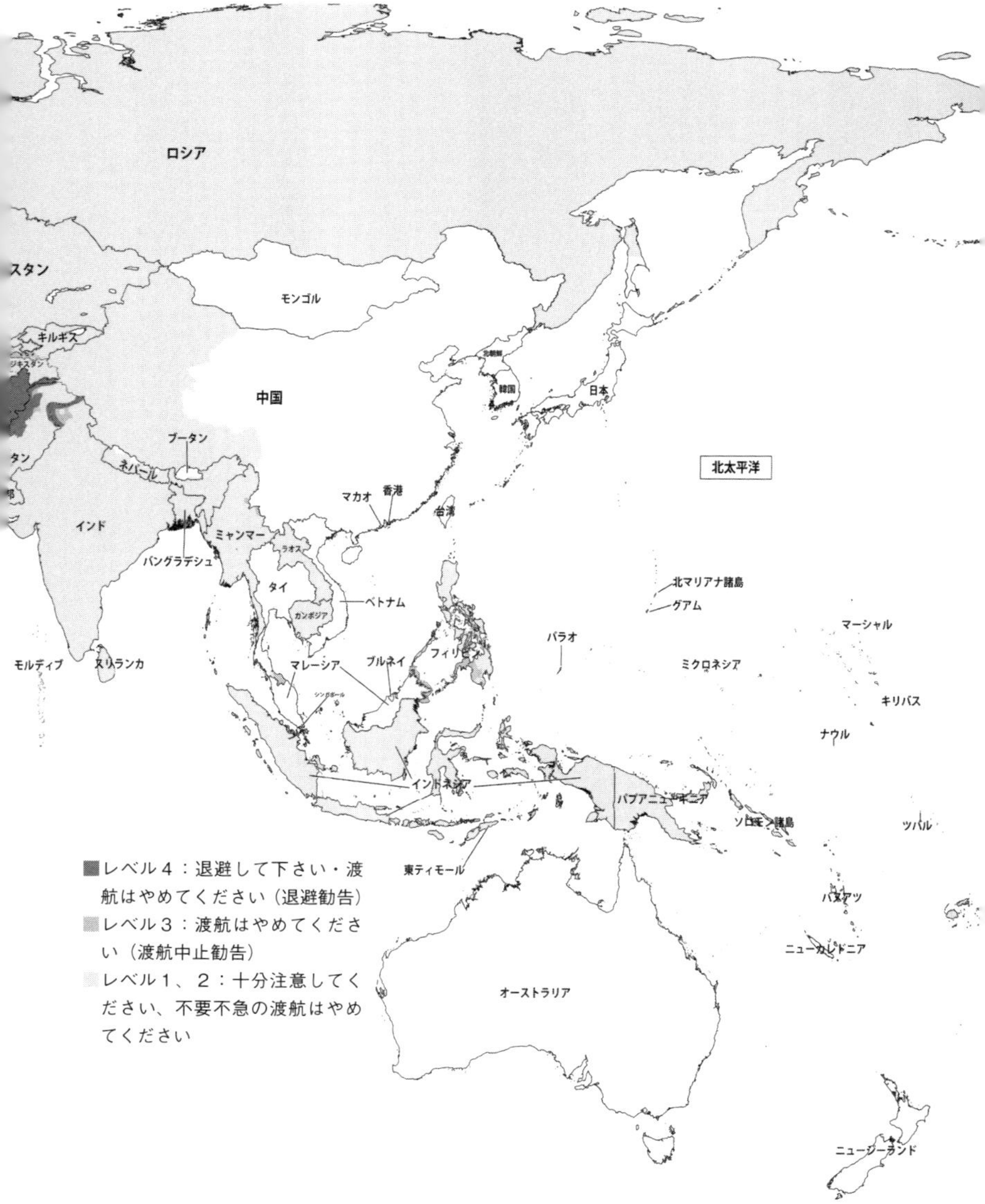

ページもあるほどでした。こうした反対運動からも明らかなように、多くのイスラム教徒は、「イスラム国」を好ましく思っていないのです。

外務省のホームページには各国の情勢や治安などの最新情報が掲載されています

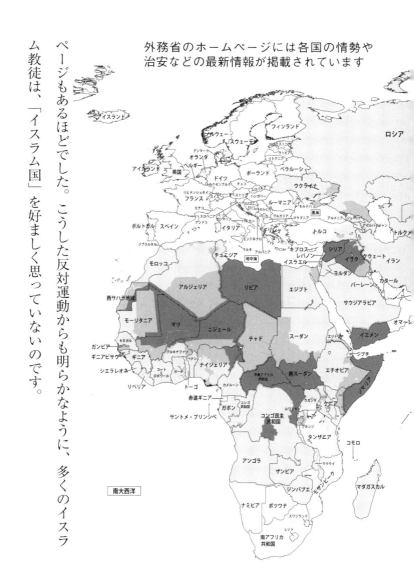

Q&A 27

「アラブの春《はる》」とは何ですか？

「アラブの春」とは、アラブ諸国《しょこく》において2010年から始まった、市民による民主化運動のことです。この「アラブの春」が始まる前のアラブ諸国では、「独裁《どくさい》」と呼《よ》ばれる政治《せいじ》の形をとる国が多かったのです。独裁ではなく民主主義《みんしゅしゅぎ》へと変わろうと、市民たちがデモをおこなって、その意志《いし》を表明したことを「アラブの春」といいます。

難《むずか》しい言葉が多いので、まず言葉の説明から始めたいと思います。ここでは、①民主化とは何ですか?、②独裁とは何ですか?、③なぜ「春」なのですか?、という順番で「アラブの春」とは何だったのかについて説明していきます。

①民主化とは何ですか？

民主化とは政治《せいじ》が民主主義《みんしゅしゅぎ》になっていくことをいいます。そして、民主主義を求める運動のことを、民主化運動といいます。では、民主主義とはいったい何なのでしょうか。民主主義とは古代ギリシア時代に起源《きげん》を持つ言葉で、自分たちのことは自分たちで決めることができる政治の形のことです。

民主主義を説明するためによく使われるのは、アメリカの第16代大統領《だいとうりょう》エイブラハム・リンカーン（1809－1865年）の演説《えんぜつ》の一節です。彼《かれ》は民主主義について、「人民の人民による人民のための政治」と説明しています。

古代ギリシアの民主主義は「直接民主制《ちょくせつみんしゅせい》」といい、市民全員が参加する方法をとっていました。市民全員が話し合いに参加して、税金《ぜいきん》の使い方や、他国との関わりあい方など、さまざまなことを決めていたそうです。

ところが、この方法には、市民の数が増《ふ》えると全員で話し合うのが難《むずか》しくなるという欠点がありました。そのため、話し合いの場（議会）に代表者を送って、代表者たちが話し合うという形に変化していきます。この方法を「間接民主制《かんせつみんしゅせい》」といい、これが現在《げんざい》の民主主義《みんしゅしゅぎ》の主流の形になっています。そして、代表者を決める方法として、選挙が採用《さいよう》されています。

②独裁《どくさい》とは何ですか?

独裁とは、個人《こじん》や少数のグループなどが力を持って、ほかの人々の意思《いし》とは関係なく、すべてを決めてしまう政治《せいじ》のことです。独裁政治の場合、まったく選挙がおこなわれないのかというと、そうでもありません。選挙がおこなわれたとしても、自由に立候補《りっこうほ》できなかったり、投票を妨害《ぼうがい》したりするなど、独裁者もしくは独裁的な集団《しゅうだん》に有利になるような仕組みが作られ、きちんと公正な選挙ができないようになっています。

アラブ諸国《しょこく》で2010年から民主化運動が起きた理由は、独裁的な長期政権《せいけん》が多数存在《そんざい》していたためです。たとえば、チュニジアのベン・アリ大統領《だいとうりょう》は23年間、エジプトのムバラク大統領《だいとうりょう》は約30年間も大統領を続けていました。彼《かれ》らは選挙で選ばれていましたが、自由で公正とはいえない選挙でした。そのため、自らの代表者は民主主義的《みんしゅしゅぎてき》ではない、つまりアラブの人々は自分たちのことを自分たちで決めていないと感じていたのでした。こうして、彼《かれ》らは民主化運動を始めたのでした。

③なぜ「春」なのですか？

では、なぜ民主化運動が起きたことを、「アラブの春」と呼《よ》ぶのでしょうか。これはヨーロッパで19世紀にあった民主化運動や、1968年にチェコスロバキアの首都プラハで始まった民主化運動のことを、それぞれ「諸国民《しょこくみん》の春《はる》」、「プラハの春《はる》」と呼んでいたためです。つまり、民主化運動のことを「春」に例えているのです。この呼び方をお手本にして、アラブ諸国で起きた民主化運動のことも、「アラブの春」と呼んでいるのです。

Q&A 28

「アラブの春《はる》」はどこで発生して、どこに広がったのでしょうか？

「アラブの春」は2010年12月にチュニジアから始まった、アラブ諸国《しょこく》での民主化運動のことです。ですが、当初は民主化運動ではありませんでした。初めは青年の焼身自殺《しょうしんじさつ》がきっかけとなった、政府《せいふ》に抗議《こうぎ》するためのデモだったのです。

自殺した青年は26歳《さい》で、大学を卒業したものの、就職《しゅうしょく》することができませんでした。青年は収入《しゅうにゅう》を得るためにしかたなく、政府の許可《きょか》なく、道路で野菜や果物を売っていました。そこへ警察官《けいさつかん》がやってきて、その野菜や果物の販売《はんばい》を中止させたうえに、商品と秤《はかり》を没収《ぼっしゅう》してしまいました。青年は3度警察《けいさつ》に行き、没収された品々を返してくれるように頼《たの》みましたが、警察は返却《へんきゃく》してくれませんでした。このことに抗議するために、彼《かれ》は県庁舎《けんちょうしゃ》の前で自分と商品にガソリンをかけて、焼身自殺を図《はか》ったのです（後日、彼は死亡《しぼう》）。事件《じけん》を知った彼のいとこが携帯電話《けいたいでんわ》で現場《げんば》を撮影《さつえい》し、フェイスブックに投稿《とうこう》したために、この事件《じけん》は瞬《また》く間《ま》に人々の知るところとなりました。

この青年の焼身《しょうしん》自殺《じさつ》という抗議《こうぎ》の方法が、チュニジアの人々に衝撃《しょうげき》を与《あた》えました。なぜなら、イスラム教では「自殺」は禁《きん》じられています。そのうえ、イスラム教では遺体《いたい》が焼かれてしまうことは、「最後《さいご》の審判《しんぱん》」の後に天国に行けないことを意味します。つまり、彼《かれ》の抗議の方法は、イスラムの教えで2つも禁止《きんし》されていることをおこなっているのです。それほど彼は強く抗議したのでした。

大学を卒業しても就職《しゅうしょく》できなかったのは、彼だけではありませんでした。チュニジアでは、3人に1人の若者《わかもの》が失業しているといわれていました。彼に共感する若者がたくさんいたのです。そのため、若者を中心に高い失業率《しつぎょうりつ》に抗議するデモが発生し、やがて政府《せいふ》を批判《ひはん》したり、言論《げんろん》の自由を求めるデモへと変化していきました。これが「アラブの春」の始まりです。

政府に抗議する若者たちは、ツイッターやフェイスブックなどインターネット上のSNS《エスエヌエス》（ソーシャルネットワーク）を利用して各地でのデモを連携《れんけい》させ、その規模《きぼ》を拡大《かくだい》させていきました。そのため、「アラブの春」は別名、「ソーシャル・メディア革命《かくめい》」とも呼《よ》ばれています。

チュニジアでは当時、ベン・アリが23年間も大統領《だいとうりょう》として政治《せいじ》の中心にいました。デモが各地に飛び火したために、大統領は軍隊に銃《じゅう》を用いて市民のデモを鎮圧《ちんあつ》するよう指示《しじ》を出しました。ところが、軍隊はこの命令を拒否《きょひ》しました。市民によるデモの勢《いきお》いは、警察《けいさつ》の手にも負えなくなり、最終的には2017年1月、ベン・アリ大統領が国外に逃亡《とうぼう》（亡命）し、政権《せいけん》は崩壊《ほうかい》しました。

ベン・アリ政権の崩壊は、周囲のアラブの国々に衝撃《しょうげき》を与《あた》えました。チュニジアの人々も周辺のアラブ諸国《しょこく》の人々も、23年間も続いた政権を、武器《ぶき》も十分に持っていない市民が崩壊させることができるとは、だれも思っていなかったのです。

チュニジアだけでなく、アラブ諸国には長期政権がたくさんありました。たとえば、エジプトのムバラク政権が30年、リビアのカダフィ政権は42年、シリアのアサド政権《せいけん》は父だけで30年にわたって統治《とうち》していました。さらに、ヨルダンやサウジアラビア、モロッコなど、王が支配《しはい》する君主制国家《くんしゅせいこっか》もあります。こうした国々では、言論《げんろん》の自由や自由選挙などが制限《せいげん》されていました。

チュニジアでの成功は、政府《せいふ》に反対している各国の勢力《せいりょく》を元気づけました。言論の自由や民主化を求める抗議《こうぎ》デモが、ほかのアラブ諸国《しょこく》（ヨルダン、エジプト、バーレーン、モロッコ、アルジェリア、サウジアラビア、イエメン、リビアなど）に飛び火したのでした。このうち、エジプト、リビア、イエメンでは長期政権が崩壊《ほうかい》しました。チュニジアのように民主化の方向に進んだ国もある一方で、シリアやリビアのように「アラブの春」によって内戦となり、現在《げんざい》も続いている国もあります（2017年現在）。

Q&A 29

シリアでの「アラブの春《はる》」は、どうして内戦になったのですか？

シリアにおける「アラブの春」は2011年3月に始まりました。チュニジアのように、シリアでも最初はフェイスブックなどを利用した、若者《わかもの》による政府《せいふ》に対する抗議《こうぎ》のデモが中心でした。彼《かれ》らは政治や経済《けいざい》の改革《かいかく》、汚職《おしょく》の追放などを目指していました。

デモが各地で発生して1か月をすぎたころから、シリア政府（アサド政権《せいけん》）がデモの弾圧《だんあつ》を始めました。その一方で、若者たちも政権の打倒《だとう》を求めるようになり、お互《たが》いに暴力《ぼうりょく》を用いるようになって、死傷者《ししょうしゃ》が増《ふ》えていきました。

政府側と反対派《はんたいは》との戦いはさらに激《はげ》しくなり、2012年の春ごろから、「内戦」という表現《ひょうげん》が新聞やテレビで使われるようになりました。「内戦」とは、国家同士が戦う「戦争」とは異《こと》なり、ひとつの国の中で敵《てき》と味方に分かれて争うことをいます。

では、なぜシリアではデモが内戦に発展《はってん》し、内戦が長引いているのでしょうか。その理由はいろいろありますが、ここでは簡単《かんたん》に、とても重要な点を3つあげておきたいと思います。

①遅《おそ》かった「アラブの春」

第一に、シリアで始まった「アラブの春」の開始時期が、ほかの国に比《くら》べて遅かったことです。シリアで反政府《はんせいふ》運動が活発化したのは、2011年4月以降《いこう》でした。わずか数か月の差ですが、チュニジアなど早々と「アラブの春」を終わらせた国から、反政府活動家や戦闘員《せんとういん》が、シリアへと集結してしまったのです。シリアで戦っているのは、シリア人だけではありません。そして、その後もずっと、シリアでの混乱《こんらん》に乗じて、戦闘員たちの流入は続いています。外国からきた戦闘員の数は、3万人を超《こ》えているといわれています。こうして、他国から大量にやってきた戦闘員《せんとういん》が、内戦の継続《けいぞく》を支《ささ》えているという構造《こうぞう》になっています。

②団結《だんけつ》できない反体制派《はんたいせいは》

第二に、政府軍《せいふぐん》と戦っている反政府グループが、団結していないことがあります。シリアでのアサド政権《せいけん》は長期政権でした。具体的には、アサド政権は、父と息《むす》子《こ》の2代にわたって、1970年からシリアを統治《とうち》し続けています。そのため、アサド政権に反対していた人々の多くは、迫害《はくがい》されてすでに国外に避難《ひなん》していました。「アラブの春」が若者《わかもの》によって始められても、反政府勢力《はんせいふせいりょく》の中に、だれもが認《みと》めることができるようなリーダーが存在《そんざい》していなかったのでした。

反政府勢力とひとくくりにされていますが、その中には実に多様なグループが存在しています。大きく分けると3つのグループがあります。それは、ほかの国に避難していたシリア人が中心になったグループ、イスラム系《けい》のグループ、クルド系の人々のグループの3つです。

1つ目は避難《ひなん》していた外国から戻《もど》ったシリア人たちが中心になって作ったグループです。このグループはアメリカなどの欧米諸国《おうべいしょこく》から支援《しえん》されています。ところが、このグループには国内にとどまっていたシリア人からの協力がなかなか得られませんでした。そのうえ、戦闘《せんとう》が激化《げきか》すると、内部から分裂《ぶんれつ》してしまい、欧米諸国はシリアのどのグループを援助《えんじょ》してよいのかわからなくなってしまいました。

2つ目のグループはイスラム系《けい》の反政府勢力《はんせいふせいりょく》です。イスラム系のグループはいくつかあり、アサド政権《せいけん》が倒《たお》れた後には、イスラムの教えに基《もと》づいた国をつくることを目標にしているという共通の特徴《とくちょう》があります。

イスラム系のグループの中で最も有名なのは、「イスラム国」（IS《イスラミックステート》）でしょう。「イスラム国」は、もともとイラクで生まれたグループです。シリアの混乱《こんらん》につけこんで、イラクからシリア領内《りょうない》に勢力《せいりょく》を伸《の》ばし、国家のようなシステムをシリア北西部でつくりあげてしまいました。

「イスラム国」以外にもイスラム系《けい》のグループとしては、ヌスラ戦線やアルカイダなどたくさんのグループがあります。お互《たが》い協力している場合もあれば、同じイスラム系のグループでも、ヌスラ戦線と「イスラム国」のように対立している場合もあります。

3つ目のグループはクルド系の人々です。シリアにおける多数派《たすうは》の民族はアラブの人々ですが、北部には独自《どくじ》の言語を持ったクルドと呼《よ》ばれる人々も居住《きょじゅう》していました。このようなクルドの人々は、シリアやトルコ、イラクなどにまたがった広い地域《ちいき》に住んでいました。クルドの人々は内戦によって治安が悪くなったために、自衛《じえい》するという目的で戦闘《せんとう》に参加しました。現在《げんざい》では、シリア北部で自治区をつくっています。

このように、すべてのグループをまとめて「反政府勢力《はんせいふせいりょく》」と1つの名前で呼んでいますが、じつはとても多様な集団《しゅうだん》が存在《そんざい》しています。彼《かれ》らはアサド政権《せいけん》には反対しているものの、互《たが》いに協力したり、反発しあったりしており、一致団結《いっちだんけつ》しているわけではありません。そのため、力が分散してしまい、内戦を長期化させる原《げん》因《いん》となっています。

③諸外国《しょがいこく》からの介入《かいにゅう》

第三に、多くの外国がシリアでの内戦に思い思いに関わっていることです。まず、ロシアや中国などは、アサド政権を擁護《ようご》しています。その一方で、アメリカやイギリス、サウジアラビア、トルコ、カタールなどは、反政府勢力側《はんせいふせいりょくがわ》を支援《しえん》しています。

では、なぜロシアや中国は、アサド政権をかばっているのでしょうか？　国際政《こくさいせい》治《じ》における基本的《きほんてき》な考え方に「内政不干渉《ないせいふかんしょう》」つまり、ある国の政治や外交について、ほかの国が立ち入ってはいけないという原則《げんそく》があります。シリアで起きた「アラブの春」を国内の政治問題《せいじもんだい》としてとらえると、反政府勢力側《はんせいふせいりょくがわ》を支援《しえん》することは「内政干渉《ないせいかんしょう》」であるというのがロシア、中国、イランなどの意見です。そのため、彼《かれ》らは現在《げんざい》でもアサド政権《せいけん》を正当なシリアの代表であると考えています。

一方、アメリカ、イギリス、トルコ、サウジアラビアなどは、「内政不干渉《ないせいふかんしょう》」という原則《げんそく》よりも、アサド政権による、シリア国民への弾圧《だんあつ》、つまり「人権侵害《じんけんしんがい》」を重視《じゅうし》しています。これらの国々は、人権を侵害するようなアサド政権を正当な政府だとみなしていません。むしろ、反政府勢力側をシリア国民の正当な代表であると考えているのです。

このような対立があるために、国連で何かシリアのためにおこなおうとしても、どこかの国が反対してしまい、なかなか意見がまとまりません。そのため、断固《だんこ》とした措置《そち》をとれず、停戦にむけて具体的に何もできないという状態《じょうたい》に陥《おちい》っています。

さらに、反政府勢力側を支援する国々も、けっして意見が一致《いっち》しているわけではありません。たくさんある反政府勢力のグループの中から、自分の国に都合のよい集団《しゅうだん》を選んで、それぞれが勝手に異《こと》なるグループを支援《しえん》しているのです。そのため、なかなか反政府勢力《はんせいふせいりょく》同士が団結できず、状況《じょうきょう》をより複雑《ふくざつ》にしています。

シリア内戦というと、意見の異なるシリア人同士が戦っているという印象を与《あた》えますが、支援者であるいろいろな国の代理戦争のようになってしまい、内戦が終わらないという事態《じたい》に陥《おちい》っているのです。

Q&A 30

難《なん》民《みん》はどうやって生まれたのですか？ ～シリア難民の場合～

シリアで「アラブの春」が始まってから、すでに6年が経過《けいか》しました。この間にシリアでの戦闘《せんとう》を逃《のが》れて、難民となった人々は500万人を超《こ》えたといわれています。では、難民はどのようにして生まれているのでしょうか？

シリア難民の問題はシリアで内戦が始まった直後から発生していましたが、日本で大きく報《ほう》じられるようになったのは2016年からでした。この年、地中海で難民を乗せた船が相次いで転覆《てんぷく》するという事故《じこ》や、大量の難民がシリアからヨーロッパを目指して歩いているという映像《えいぞう》をたびたび見たことでしょう。

シリアの人口は2012年の国連の推定《すいてい》で2240万人（ほぼ近畿地方《きんきちほう》全体の人口と同じ）です。そのうち、国内で避難《ひなん》を余儀《よぎ》なくされている人（国内避難民）は約650万人、周辺アラブ諸国《しょこく》に避難した人が約479万人、ヨーロッパやほかの国に避難《ひなん》した人が約88万人といわれています。つまり、国内外に避難した人の数を合計すると、シリアの全人口の半数を超《こ》えていることがわかります。

では、どのように難民《なんみん》になるのでしょうか。政府軍《せいふぐん》にも反政府軍にも兵士として参加していない人々の中で、シリア国内において空爆《くうばく》や戦闘《せんとう》を避けて避難する人々を「国内避難民」と呼《よ》びます。国内避難民の中には、本当は海外まで避難したい人もいるはずですが、国内にとどまっているうちは国内避難民と呼ばれます。

四方を海で囲まれている日本とは異《こと》なり、

写真：AP／アフロ

シリアは地中海に面しているものの、陸続きで北にトルコ、東にイラク、西にレバノン、南にヨルダンと国境《こっきょう》を接《せっ》しています。この国境すべてが塀《へい》で仕切られているわけではないので、国境の警備《けいび》が厳《きび》しくなる前なら、ビザ（入国許可書《にゅうこくきょかしょ》）を持たず、国境の検問所《けんもんじょ》も通らないまま避難《ひなん》した人々もいたことでしょう。中には専門《せんもん》の業者に頼《たの》んで、ビザを入手して国境を越《こ》えた人もいたはずです。

政府がわざとビザを出さないといういやがらせをする場合を考慮《こうりょ》して、不法入国の場合でも、難民《なんみん》を罰《ばっ》してはいけないということが国際法《こくさいほう》で決められています。外国に入国してその国で難民であるという申請《しんせい》をして、それが認《みと》められた場合はその国に滞在《たいざい》することができます。難民申請が認められると、家族を呼《よ》びよせることができるようになったりします（呼びよせが認められない場合もあります）。

ヨーロッパを目指した人々もいましたが、それは、ヨーロッパでは難民に対する待遇《たいぐう》がよいと考えられているためです。たとえば、スウェーデンでは難民として認《にん》定《てい》されると、家族の呼びよせができるだけでなく、永住権《えいじゅうけん》が与《あた》えられています

（難民《なんみん》が増《ふ》えたために、現在《げんざい》では家族の呼びよせなどはかなり制限《せいげん》されているようです）。そのため、向かうのがどれほど大変でも、ヨーロッパで、特に待遇《たいぐう》がよい北欧諸国《ほくおうしょこく》で難民となることを希望する人が多かったのです。現在ではすでに国境《こっきょう》が封鎖《ふうさ》されて通行できませんが、彼《かれ》らは携帯電話《けいたいでんわ》でグーグルマップの地図を確認《かくにん》しながら、それぞれ希望する国へと歩いていったのでした。

日本にもシリアからの難民はいます。たとえば、シリアから仕事や留学《りゅうがく》のため日本に滞在中《たいざいちゅう》に、どんどん状況《じょうきょう》が悪くなって帰国できなかった人たちが、難民申請《しんせい》をする場合もあるのです。シリアでの状況が悪くなる前に、どの国でもよいからと、ビザをとったら、それが日本だったという場合もあるでしょう。2015年2月の段階《だんかい》で、60名程度《ていど》のシリア人が難民申請を日本でおこなったそうです。ですが、日本はとても審査《しんさ》が厳《きび》しいので、滞在は許可《きょか》されても、なかなか難民として認《みと》められていません。

Q&A 31 パレスチナ問題とは何ですか?

パレスチナ問題という言葉を聞いたことがありますか? 最近は「イスラム国」やシリア難民《なんみん》の問題についての報道《ほうどう》が多いため、パレスチナ問題という言葉を聞いたことがないという人もいることでしょう。しかし、パレスチナ問題は、中東と呼《よ》ばれる地域全体《ちいきぜんたい》で、なぜこんなに争いごとや戦いが多いのかという疑問《ぎもん》を解《と》くためのカギとなる重要な問題です。パレスチナ問題のことを、中東問題と呼ぶ人もいます。

近年のアルカイダや「イスラム国」の問題も、パレスチナ問題とまったく無関係なわけではありません。「イスラム国」などの武装勢力《ぶそうせいりょく》を支援《しえん》している若者《わかもの》たちの中には、パレスチナ問題などに関連した、この地域における不正や不公平さに対して、怒《いか》りを感じて参加している者もいるためです。パレスチナ問題が解決《かいけつ》の方向へ向かわない限《かぎ》り、おそらく「イスラム国」やほかの武装集団《ぶそうしゅうだん》に参加する若者《わかもの》たちを減《へ》らすことはできないでしょう。

簡単《かんたん》に説明すると、パレスチナ問題とは、中東のパレスチナと呼《よ》ばれる地方に、ユダヤ人とパレスチナ人（アラブ人）双方《そうほう》が、自分たちの国をつくろうとして争っていることです。実際《じっさい》に、ユダヤ人たちはイスラエルという国を1948年に建国しました。パレスチナ人側には一定の自治が認《みと》められている自治政府《じちせいふ》がありますが、正式な国家ではありません。現在《げんざい》でも、パレスチナ問題は解決《かいけつ》してはいません（自治政府は領域内《りょういきない》の政治については自らが決定することができ、警察《けいさつ》などを持つこともできます。けれども、軍隊や独自《どくじ》の通貨などは持つことができません）。

パレスチナをめぐる争いは、おおよそ100年前のできごとから始まっています。そして、実際にユダヤ人とパレスチナ人の間で戦闘《せんとう》が始まってから、ほぼ70年になります。気の遠くなるほどの長い年月にわたる戦いによって、数えきれないほどの犠牲者《ぎせいしゃ》を出していることは言うまでもありません。なぜこんなことになっているのか、ちょっと難《むずか》しいですが、長い争いの歴史を追いながら、順に説明してみたいと思います。

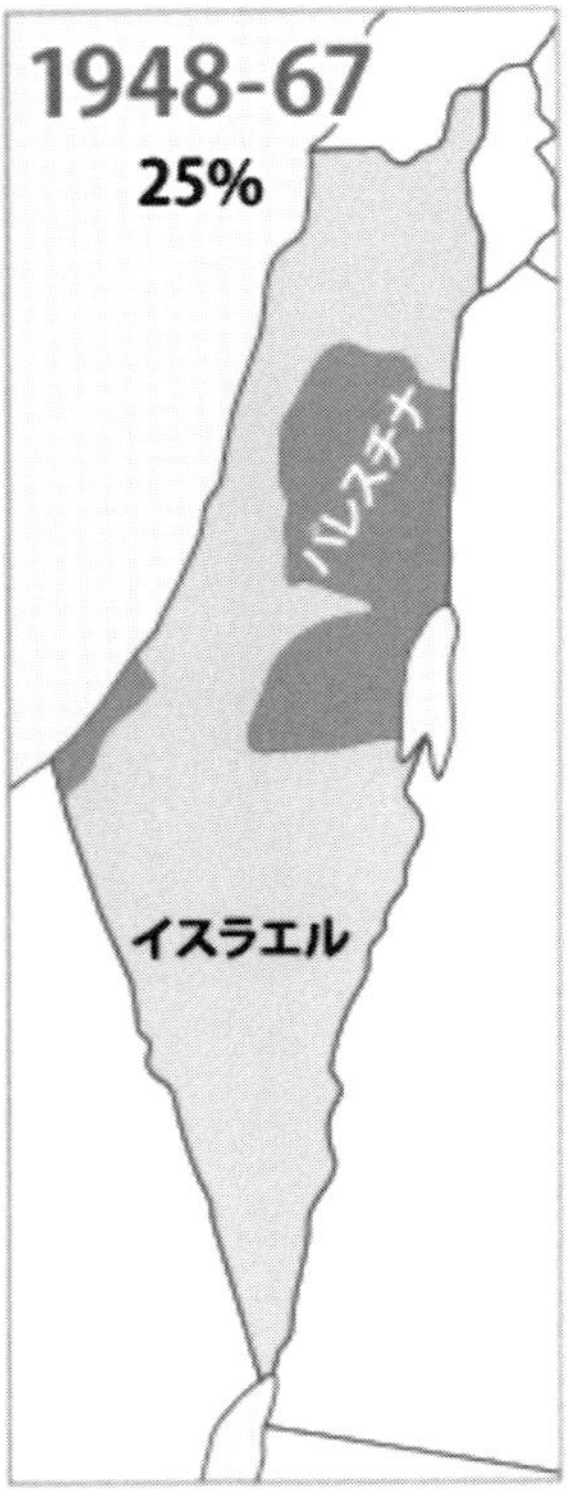

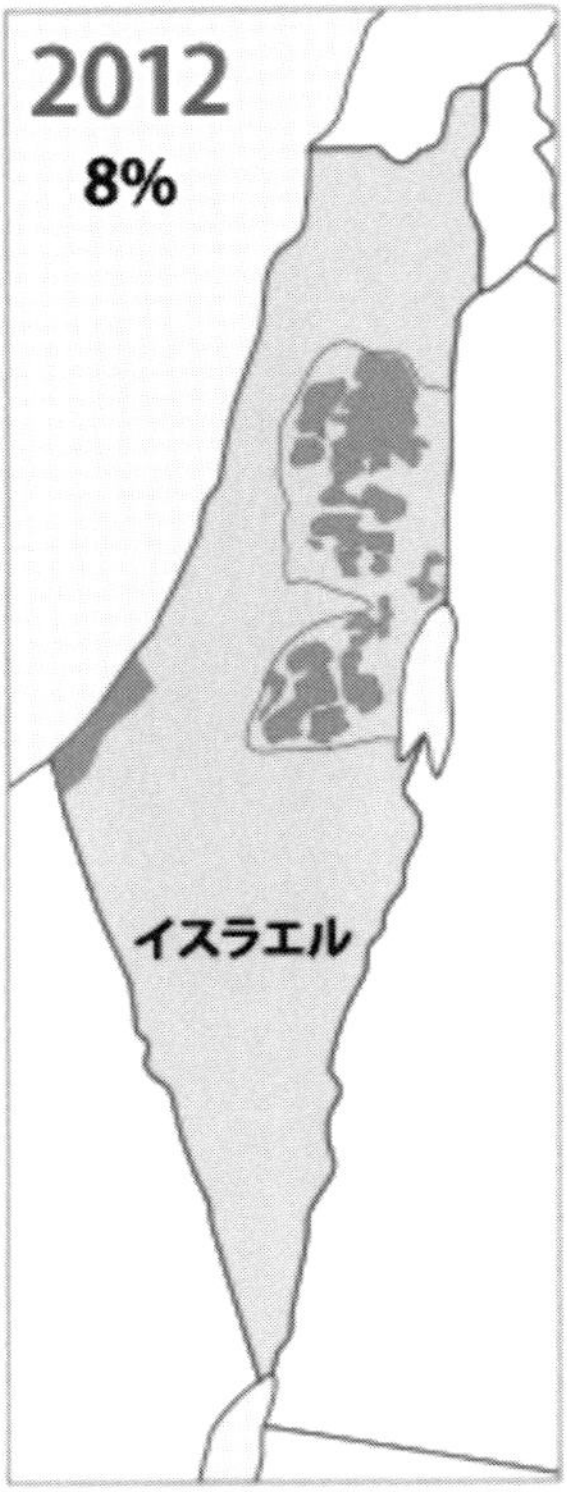

出典：パレスチナ子どものキャンペーン
（http://ccp-ngo.jp/palestine）

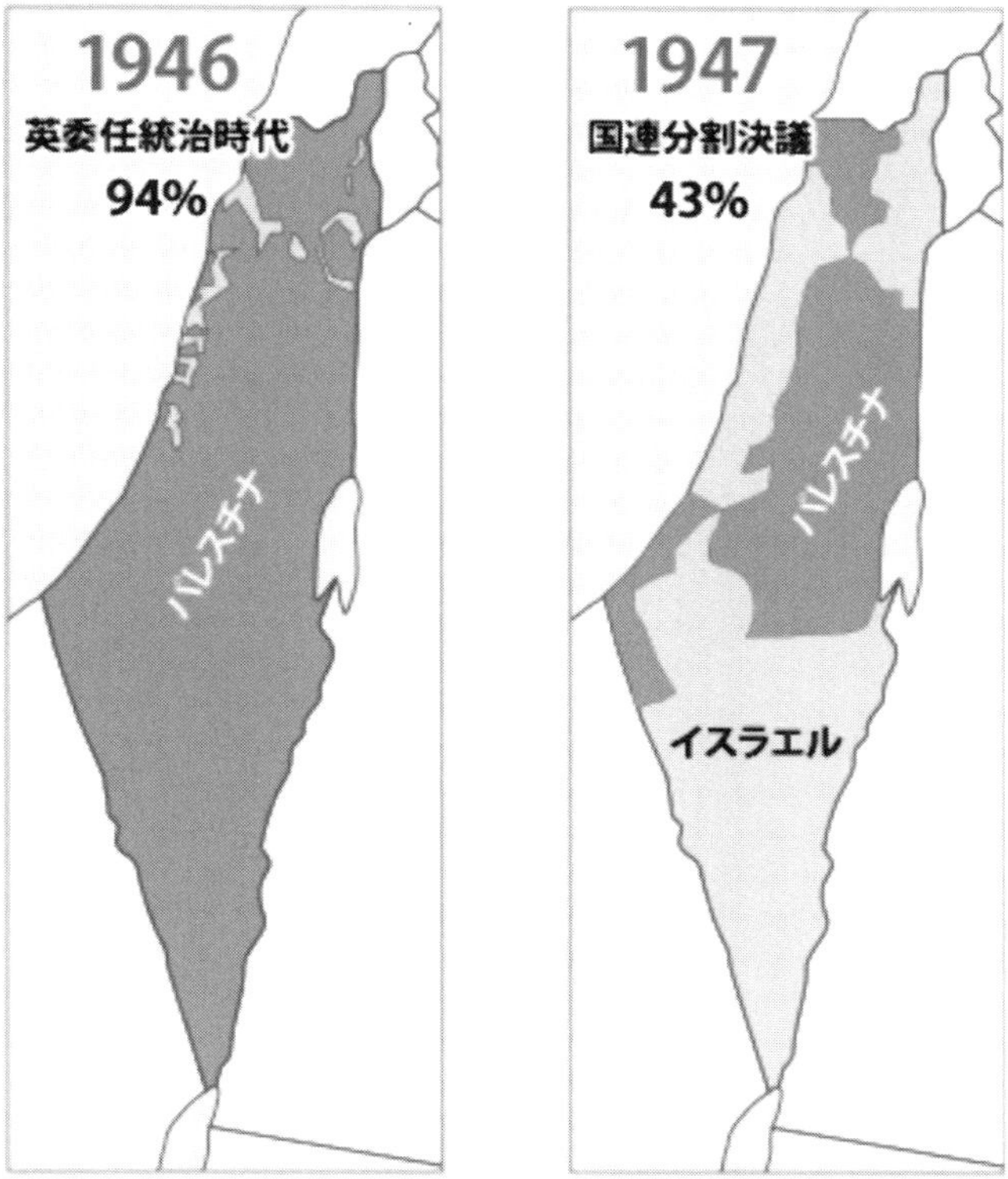

パレスチナの歴史的変遷図《へんせんず》

Q&A 32

パレスチナってどこですか？

パレスチナとは地方の名前で、現在《げんざい》のイスラエルと、レバノン、シリア、ヨルダンの一部を含《ふく》んだ地域《ちいき》のことを指していました。この地方は古くから栄えていて、紀元前に作られた旧約聖書《きゅうやくせいしょ》の中に「乳《ちち》と蜜《みつ》の流れる土地」として登場しています。もちろんこの表現《ひょうげん》は比喩《ひゆ》で、まるで乳と蜜が流れるほど豊《ゆた》かであったという意味です。

このパレスチナ地方で、ユダヤ教とキリスト教が生まれました。そのうえ、パレスチナにはユダヤ教、キリスト教、イスラム教が「聖地《せいち》」とするエルサレムという都市があります。この聖地を自分たちのものにしたいために、3つの宗教《しゅうきょう》は長年、争ってきたという歴史があります。

ユダヤ教

この地域《ちいき》で、最も古い宗教《しゅうきょう》はユダヤ教です。ユダヤ教はこの地方に紀元前2000年ぐらいに生まれた宗教で（時期についてはいろいろな説があります）、ヤハウェを神とする一神教です。ユダヤ人とは通常《つうじょう》、ユダヤ教徒の母から生まれた子どもと、ユダヤ教を信仰《しんこう》する人を意味しています。ユダヤ人はパレスチナ地方で国をつくって暮《く》らしていましたが、70年ごろにローマ帝国軍《ていこくぐん》によって滅《ほろ》ぼされてしまいます。そして、135年にはローマ帝国に反乱《はんらん》を起こしたとして、ユダヤ人は全員この地方から追放されてしまいます。以後、ユダヤの人々は、近隣諸国《きんりんしょこく》やヨーロッパなどに移《うつ》り住《す》み、1948年まで、国家を建設《けんせつ》することはありませんでした。

キリスト教とイスラム教

その後、パレスチナ地方はローマ帝国が支配《しはい》し、ローマ帝国は313年にキリスト教を国の宗教と定めました。ところが、638年にはイスラム教徒によって攻《せ》め込《こ》まれ、パレスチナ地方はイスラムの王朝が支配《しはい》する地域《ちいき》となります。キリスト教徒はエルサレムをふたたび獲得《かくとく》しようと何度も戦いました。10世紀から12世紀後半まで、エルサレムはふたたびキリスト教徒の町となりました。ですが、その後は再《さい》度《ど》、イスラムの王朝の支配下に置かれました。

では、パレスチナにはイスラム教徒しか住んでいないのかというと、そうではありません。イスラム教徒は、ユダヤ教徒やキリスト教徒に税金《ぜいきん》を払《はら》わせることによって、彼《かれ》らが住むことを認《みと》めていました。そのため、パレスチナにはイスラム教徒だけでなく、ユダヤ教徒やキリスト教徒も500年以上にわたって共存《きょうそん》して暮《く》らしていました。

このように、古くから聖地《せいち》エルサレムの支配権《しはいけん》をめぐる争いはありましたが、「パレスチナ問題」と呼《よ》ばれるようになるほど、この地域をめぐる争いが激化《げきか》し、共存という関係が崩《くず》れたのは、20世紀初頭のことです。

Q&A 33

パレスチナ問題のきっかけはそもそも何ですか?

パレスチナは、20世紀にはオスマン帝国《ていこく》(1299-1922年)における行政《ぎょうせい》区《く》のひとつでした。当時のパレスチナには厳密《げんみつ》な境界線《きょうかいせん》はなく、おおまかにこのあたりがパレスチナ地方だと認識《にんしき》されていたにすぎません。ここに国家をつくろうとした民族が2つありました。パレスチナ人(アラブ人)とユダヤ人です。その争いがパレスチナ問題と呼《よ》ばれているのです。

日本は島国で海が外国と隔《へだ》ててくれているので、国境《こっきょう》をあまり意識《いしき》することがありません。そのうえ、日本に住む外国人は増《ふ》えてきましたが、まだまだ日本には日本人のほうが圧倒的《あっとうてき》に多いので、民族という考え方の重要性《じゅうようせい》を理解《りかい》するのが難《むずか》しいと思います。そこで、ここではまず、国家というものについて考えてみたいと思います。その後に、パレスチナでの国家建設《けんせつ》をめぐる争いの起源《きげん》を説明していきます。

①国民国家がつくられるとき

・西ヨーロッパの場合

近代以降《いこう》のおもな国家のしくみを、国民国家といいます。国民国家とはふつう1つの民族が1つの国家をつくることだと考えられています。あたりまえのことのように思うかもしれませんが、イギリス人がイギリスという国をつくり、フランス人がフランスという国をつくっている、現在《げんざい》の国家の形は西ヨーロッパで19世紀後半までにできあがった形なのです。

日本のような島国と違《ちが》って、たとえばフランスは大陸なので、国境《こっきょう》ははっきりしていないうえに、人々の移動《いどう》も簡単《かんたん》です。そのため、「だれがフランスの国民」なのか、という問題が重要になってきます。たとえば、ほかの国の人々と区別するためのひとつの手段として、わかりやすかったのが言語の違いでした。フランス語を話す地域《ちいき》に住む人が「フランス人」となっていき、周辺諸国《しゅうへんしょこく》と戦ったりしながら国境《こっきょう》を確定《かくてい》させ、国（国民国家）の形をゆっくりと時間をかけてつくりあげていったのです。もちろん、この過程《かてい》はけっして容易《ようい》な道のりではありませんでした。異《こと》なる言語集団《しゅうだん》の人々が、望んでいないにもかかわらず、強者によってひとつの国家として統合《とうごう》されてしまったために、現在に至《いた》るまで争いが絶《た》えない国や地域がまだまだ残っています。

・オスマン帝国《ていこく》（アラブ人）の場合

東ヨーロッパでは、言語もばらばらで、少数民族がたくさん存在《そんざい》していたために、国民国家の形成はさらに難《むずか》しいものでした。東ヨーロッパ以上に大変なのは、パレスチナを含《ふく》む広大な領域《りょういき》を持っていたオスマン帝国でした。オスマン帝国は、今の東ヨーロッパから、中東、アフリカまでという広大な領土を持っていました。ところが、オスマン帝国では、民族という考え方はほとんど重要視《じゅうようし》されず、むしろ、イスラム教徒であるということのほうが重要でした。

（オスマン帝国《ていこく》：オスマン帝国の成立年である1299年は、日本では鎌倉《かまくら》時代で、オスマ

ン帝国崩壊《ていこくほうかい》の1922年は大正《たいしょう》時代でした。ちなみに日本では江戸《えど》時代が最も長く続き、1603年-1868年までです）

しかし、オスマン帝国でも19世紀後半から、トルコ民族を中心に国民国家を形成する動きがしだいに進んでいきます。たとえば、これまでは決まっていなかった公用語がトルコ語になるなど、20世紀初頭からトルコ人が優先《ゆうせん》されることが多くなりました。そのため、オスマン帝国の支配下《しはいか》にあったアラビア語を話す人々（アラブ人）は、自分たちだけで国をつくって、独立《どくりつ》することを考え始めることになりました。

・ユダヤ人の場合

ヨーロッパでの国民国家形成が進む中で、各国に散らばっていたユダヤ人たちは、迫害《はくがい》や差別の対象になっていました。たとえば、フランスに住むユダヤ人たちは、自分たちのことをフランス人だと思っていても、ほかのフランス人たちから見ると、フランス人である前にユダヤ人であると思われていたためです。

そのため、自分たちが差別されることのない国家をつくろうという運動を、ヨーロッパのユダヤ人たちが19世紀末から始めます。これをシオニズムといいます。1897年には初めてシオニスト（シオニズムに賛同《さんどう》する人）会議が開かれ、パレスチナに国家を建設《けんせつ》することが目標とされました。

②第一次世界大戦中

第一次世界大戦が1914年に始まると、オスマン帝国《ていこく》はドイツやオーストリアとともに、イギリス、フランス、ロシアと戦いました。イギリスはオスマン帝国を内側から崩壊《ほうかい》させようと、アラブ人たちに、パレスチナを含《ふく》むアラブ人が住む地域《ちいき》の戦後の独立《どくりつ》を約束して、オスマン帝国に対して反乱《はんらん》を起こすように促《うなが》しました。この約束はフサイン・マクマホン協定《きょうてい》（1915〜16年）と呼《よ》ばれます。アラブ人たちは、この約束をもとに実際《じっさい》にオスマン帝国に反乱を起こしました。

その一方で、イギリスは同盟《どうめい》を結んで戦っていたフランスとロシアに、戦争が終わったらパレスチナを含《ふく》むこの地域《ちいき》を分割《ぶんかつ》して、それぞれが統治《とうち》するという約束を秘密裏《ひみつり》におこなっていました。これはサイクス・ピコ秘密協定《ひみつきょうてい》（1916年）と呼《よ》ばれています。本来は秘密協定でしたが、ロシアで革命《かくめい》が起きて政権《せいけん》が交代したため、秘密が暴露《ばくろ》されてしまったのでした。

またまたその一方で、イギリスは戦争で必要となる費用を、ユダヤ人の大富豪《だいふごう》であったロスチャイルド家から調達するために、戦後はパレスチナにユダヤ人のための居住地《きょじゅうち》をつくることを約束しました。これはバルフォア宣言《せんげん》（1917年）と呼ばれています。

え？　同じパレスチナ地域に3つの約束？　とびっくりするかもしれませんね。イギリスが考えていた地図の中では、この3つで重なっているのはわずかな部分だけだったといわれています。けれども、3つの約束に正確《せいかく》な地図が描《えが》いてあったわけではないので、戦後、イギリスはアラブの人たち、フランス政府《せいふ》、ユダヤの人たちから、約束を守るように求められたのでした。

結局、イギリスはパレスチナ地方などを自分たちがもらい、現在《げんざい》のレバノンとシリアをフランスに渡《わた》しました。つまり、パレスチナ（現在のヨルダン地域《ちいき》も含《ふく》む）やイラク地方は、イギリスが支配《しはい》することになりました。中でも、ヨルダンの前身であるトランスヨルダンやイラクはアラブ人の王に支配させ、それをイギリスが支援《しえん》するという形でしたが、パレスチナではアラブ人による統治《とうち》はおこなわせませんでした。パレスチナではイギリス人が支配し、それをイギリス軍が守っていたのです。多くのアラブ人がイギリスの領域内《りょういきない》にいたものの、自分たちの国を独立《どくりつ》させることはできませんでした。同じように、ユダヤ人たちも自分たちの国を建設《けんせつ》することはできませんでしたが、パレスチナに住むことが許《ゆる》されたのでした。

当初はヨーロッパからパレスチナへ移住《いじゅう》するユダヤ人は多くはありませんでした。アドルフ・ヒトラーが政権《せいけん》を取ってユダヤ人を迫害《はくがい》し始める1930年代から、移住者《いじゅうしゃ》が急増《きゅうぞう》し始めます。迫害を逃《のが》れてパレスチナにやってきたユダヤ人の中には、裕福《ゆうふく》な人々もいました。こうした裕福な人々が土地を購入《こうにゅう》しただけでなく、シオニスト会議で世界中のユダヤ人に呼《よ》びかけて資金《しきん》を集めました。彼《かれ》らは銀行を設立《せつりつ》し、国家建設を目指して、土地の買いしめをおこないました。こうして国家建設に必要な土地を着実に獲得《かくとく》していったのでした。このような状況《じょうきょう》に対して、パレスチナに住んでいたアラブ人たちは、土地と仕事を奪《うば》われるのではないかと危機感《ききかん》を募《つの》らせていきました。

③第二次世界大戦後のイスラエル建国とパレスチナ難民《なんみん》

第二次世界大戦後、アメリカのハリー・S・トルーマン大統領《だいとうりょう》は、ナチス・ドイツの虐殺《ぎゃくさつ》で生き残ったユダヤ人、つまり「ユダヤ難民」10万人をパレスチナで受け入れるようイギリスに要請《ようせい》しました。アメリカにはユダヤ人が多く居住《きょじゅう》しており、トルーマン大統領《だいとうりょう》は次の選挙に勝つためにユダヤ人たちからの得票を必要としていたのでした。

ところが、すでにパレスチナには受け入れる余力《よりょく》がないとして、イギリスは1万5000人しか受け入れないと表明しました。このイギリスのかたくなな姿勢《しせい》に対して、パレスチナのユダヤ人はイギリスに対してテロ行為《こうい》をおこない、多数の死者を出しました。その結果イギリスは、この問題の解決《かいけつ》をできたばかりの国際連合《こくさいれんごう》（国連）に求めました。

国連内部ではパレスチナとイスラエルとに国家を分割《ぶんかつ》して、エルサレムを国際管《こくさいかん》理《り》するという分割案が提案《ていあん》されました。シオニストたちと、アメリカのトルーマン大統領が協力した結果、ユダヤ人側の希望であった分割案が国連において可決《かけつ》されたのでした（国連総会決議181号／国連パレスチナ分割決議案）。

シオニストに協力したトルーマン大統領は、翌年《よくねん》の選挙でユダヤ人票の約75％を獲得《かくとく》し、再選《さいせん》されたといわれています。このトルーマン政権《せいけん》以降《いこう》、アメリカの大統領選挙において、ユダヤ人票が重視《じゅうし》されるようになっていきました。

こうして、パレスチナでのイギリスによる統治《とうち》を支《ささ》えていたイギリス軍が撤退《てったい》した1948年5月、国連総会決議181号に基《もと》づいて、ユダヤ人たちはイスラエルという国をつくり、建国を宣言《せんげん》しました。一方、アラブ人側は国連総会決議181号を承認《しょうにん》しませんでした。なぜなら、ユダヤ人の人口は30％以下であったにもかかわらず、パレスチナの土地の約57％が、しかも農業が可能《かのう》な地域《ちいき》の大半が、ユダヤ人の国家に割《わ》り当《あ》てられていたためです。

建国に反対したアラブ連盟《れんめい》5か国（エジプト、トランスヨルダン、シリア、レバノン、イラク）が、軍を出兵させて建国を阻止《そし》しようとしました。なぜ、近隣《きんりん》のアラブ軍が出兵することになったのかというと、パレスチナは「国」ではなかったので、パレスチナ軍が存在《そんざい》していなかったためです。この戦争は第一次中東戦争と呼《よ》ばれています。

アラブ軍は人数は多かったのですが、寄《よ》せ集《あつ》めの軍隊で、兵器も少なかったために、イスラエル軍に敗北《はいぼく》しました。イギリスは、イスラエル側に比《くら》べてアラブ側の武器《ぶき》が貧弱《ひんじゃく》で、弾薬《だんやく》もあまりにも少なかったために支援《しえん》しようと試みました。けれども、アドルフ・ヒトラー（1889－1945）による虐殺《ぎゃくさつ》という悲劇《ひげき》を経験《けいけん》したユダヤ人たちへの同情《どうじょう》が集まり、ヨーロッパの人々からイギリスへの非難《ひなん》が集中したため、武器や弾薬の支援《しえん》を断念《だんねん》せざるをえませんでした。

1949年、アラブ側とイスラエルが休戦協定を結び、戦争は終結しました。結局、イスラエルがパレスチナの約80％を、トランスヨルダン軍が、現在西岸地区《せいがんちく》と呼《よ》ばれている地域《ちいき》を占領《せんりょう》しました。そして、この戦争の最中に、50万から70万人ともいわれるアラブ人が家を失って避難《ひなん》しました。パレスチナ内にとどまった人々もいましたが、パレスチナの外に避難した人々のことをパレスチナ難民《なんみん》と呼んでいるのです。

Q&A 34

ユダヤ人とはどんな人ですか？

ユダヤ人と聞いてだれを思い出しますか？　アルベルト・アインシュタイン？　それとも映画監督《えいがかんとく》のスティーブン・スピルバーグでしょうか？　ユダヤ人と呼《よ》ばれる人々は、世界中のさまざまな分野で活躍《かつやく》しています。

ユダヤ人とは通常《つうじょう》、ヤハウェを神と信仰《しんこう》する一神教である、ユダヤ教を信仰する人々と、ユダヤ人を親に持つ人々と考えられています。２０１０年の推定《すいてい》では、ユダヤ人は世界全体で約１３８６万人、そのうちの約５６９万人（41％）がアメリカに居住《きょじゅう》しています。次に多い国はイスラエルの約５６１万人（40・５％）、カナダ約35万人（２・５％）、フランス約31万人（２・３％）となっています。

ユダヤ人は紀元前から、パレスチナと呼ばれる地域《ちいき》に暮《く》らしていました。ところが、１３５年に、ローマ帝国《ていこく》に反抗《はんこう》したため、ユダヤ人は全員追放されてしまいました。それから、1948年までの約《やく》1800年間、ユダヤ人は中東の近隣《きんりん》の地域《ちいき》やヨーロッパで、国を持たずばらばらに暮《く》らしてきました。

中でも『アンネの日記』で知られるように、ユダヤ人は第二次世界大戦中にヒトラーによって迫害《はくがい》、虐殺《ぎゃくさつ》されました。犠牲《ぎせい》になった人の数は600万人ともいわれています。

このような大規模《だいきぼ》な虐殺の以前から、ユダヤ人はヨーロッパでは、迫害や虐殺の対象になっていました。その理由はおおよそ2つありました。1つは宗教上《しゅうきょうじょう》の理由です。ヨーロッパはキリスト教徒が多い地域です。イエス・キリストはユダに裏《うら》切《ぎ》られて十字架《じゅうじか》にかけられたのですが、このユダがユダヤ人であったと考えられています。そしてキリストを処刑《しょけい》するようにけしかけたのも、キリストから批判《ひはん》されていたユダヤ教の指導者《しどうしゃ》たちでした。そのため、ユダヤ人は裏切り者として、キリスト教徒からは嫌《きら》われていたのでした。

次に、職業上《しょくぎょうじょう》の理由があげられます。中世のヨーロッパでは、ユダヤ教徒には農地を売ることは禁《きん》じられていたので、ユダヤ人は農民になることはできませんでした。そのため、商人（行商人）や、医師《いし》、芸人などの職業《しょくぎょう》に就《つ》く人が多かったといわれています。

さらに、当時はキリスト教徒同士でお金に利子をつけて貸《か》し借《か》りをすることが禁じられていました。ユダヤ教においてもユダヤ人同士ではこうした行為《こうい》は禁じられていたのですが、異教徒《いきょうと》、つまりキリスト教徒に対しては禁じられていませんでした。そのため、ユダヤ教徒はキリスト教徒に、利子をとってお金を貸し付けるということを職業にしていたものが多数いました。こうした人たちの中から、「富豪《ふごう》」と呼《よ》ばれるほどお金持ちになる人たちが現《あらわ》れました。それが、ねたみや嫉妬《しっと》を抱《いだ》かせたのでした。

フランスではフランス革命《かくめい》（1789年）以降《いこう》、ユダヤ人にも市民権《しみんけん》が与《あた》えられることになりました。そのため、西ヨーロッパでは、じょじょに周りの文化になじんでいくユダヤ人たちもいました。ところが、東ヨーロッパではユダヤ人たちは、依然《いぜん》として隔離《かくり》され、ユダヤ人の集団《しゅうだん》だけでかたまって暮《く》らしていました。周りの文化にもなじまず、ユダヤ人たちは都市の中で、言葉も文化も異《こと》なる集団《しゅうだん》として存在《そんざい》し続けました。そのため、東ヨーロッパやロシアでは、1民族が1国家をつくろうとする国民国家形成の際《さい》に、たびたびユダヤ人は迫害《はくがい》や虐殺《ぎゃくさつ》の対象となりました。

ユダヤ人たちは19世紀末に、こうした動きに対抗《たいこう》し、自分たちも差別されることのない国家をつくろうという運動を起こします。これをシオニズムといいます。1897年には初めてシオニスト会議が開かれ、パレスチナに国家を建設《けんせつ》することが目標となったのでした。

Q&A 35

パレスチナ人とはどんな人ですか？

パレスチナ人とは、1948年のイスラエル建国の際《さい》に、パレスチナ地域《ちいき》に住んでいた人々と、その子孫のことです。彼《かれ》らはアラビア語を話すため、アラブ人とも呼《よ》ばれます。ですが、アラブ人というと、ヨルダン、シリア、サウジアラビアなどほかの国々の人も含《ふく》まれてしまうので、区別するためにパレスチナ人と呼ばれています。

パレスチナ人たちは現在《げんざい》、自治政府《じちせいふ》をつくることはできていますが、国家を建設《けんせつ》してはいません。そのため、パレスチナ人はパレスチナという国に住んでいる人という意味ではありません。現在、パレスチナ人は大きく分けて3つの地域に住んでいます。住んでいる地域によって、呼ばれ方が異《こと》なっており、3つの呼び名があります。この3つのすべてを合わせたのがパレスチナ人です。

①イスラエル国内のパレスチナ人

まず、イスラエル国内にいるパレスチナ人のことを、「アラブ系《けい》イスラエル人」と呼《よ》びます。1948年にイスラエルが建国された際《さい》に、アラブ人とユダヤ人の間で戦闘《せんとう》が発生しましたが、そのときに居住《きょじゅう》地域《ちいき》から遠く避難《ひなん》せずその場に住み続けた人々です。戦闘が終わったら、自分の住んでいた場所にイスラエルという国家が建設《けんせつ》されたために、イスラエル人となった人々で、国籍《こくせき》はイスラエルです。

②西岸およびガザのパレスチナ人

次に、イスラエル国内のパレスチナ西岸自治地区と、ガザ地区に住んでいるアラブ人は、「パレスチナ人」と呼ばれています。イスラエルが建国された際に、居住地域から遠く離《はな》れず、その場に住み続けたものや避難した場所が1994年以降《いこう》に、「パレスチナ自治区」と呼ばれる地域になった人々のことです。西岸地区とはヨルダン川の西岸を意味しており、ほぼ三重県《みえけん》と同じぐらいの大きさです。一方、ガザ地区は南西をエジプトと接《せっ》しており、福岡市《ふくおかし》よりやや広いぐらいの大きさです。

③それ以外の地域《ちいき》に住むパレスチナ人

最後に、「パレスチナ難民《なんみん》」と呼《よ》ばれている人がいます。彼《かれ》らはイスラエルが建国された際《さい》に、戦闘《せんとう》を逃《のが》れてパレスチナの外に難民となって避難《ひなん》した人々と、その子孫のことです。現在《げんざい》では3世代目や4世代目になっています。

パレスチナの人口は合計で約1237万人と推定《すいてい》されています。その内訳《うちわけ》は、①のイスラエル国内に約147万人、②西岸地区に約290万人とガザ地区に約185万人（計約475万人）、③約615万人となっています。③の難民についてですが、パレスチナ難民は、世界中の難民の中でも最大規模《さいだいきぼ》だといわれています。

Q&A 36 その後、パレスチナはどうなったのですか？

イスラエル建国の際《さい》にも、イスラエルとアラブ諸国《しょこく》の間で戦争が起きましたが、その後も3回の戦いがありました（1956年、1967年、1973年）。これらの戦争では、パレスチナ人は軍隊を持っていないため、つねにヨルダンやエジプト、シリアといった隣接《りんせつ》したアラブ諸国が、同じアラブ人であるという理由からパレスチナ側として戦ってきました。これらの戦争では、パレスチナ側の敗戦が続き、彼《かれ》らはしだいに居住《きょじゅう》できる地域《ちいき》を減《へ》らしていきました。

イスラエルや占領地領域内《りょういきない》のパレスチナ人たちは、イスラエル政府《せいふ》から土地を没収《ぼっしゅう》されたり、さまざまないやがらせを受けていました。こうした状況《じょうきょう》に対して、パレスチナの人々は1987年に反乱《はんらん》を起こします。これがインティファーダです。インティファーダでは、武器《ぶき》を持たないパレスチナの人々が、石を投げたりすることによってイスラエル軍に立ち向かったのです。最初の1年間だけで、逮捕《たいほ》者《しゃ》は約2万人、約300人の死者を出したといわれています。

ちょうどこの時期は、通信《つうしん》技術《ぎじゅつ》が発達して、ニュースをリアルタイムで世界中へ発信できるようになったころでした。そのため、イスラエル軍の戦車や銃《じゅう》を構《かま》えた兵士たちに、石だけを手にして立ち向かうパレスチナの人々の姿《すがた》が連日のように放映《ほうえい》されました。これまでイスラエルに同情的《どうじょうてき》だったヨーロッパの人々は、イスラエルの残酷《ざんこく》なやり方を疑問視《ぎもんし》するようになっていきました。

こうして、パレスチナ人の人権《じんけん》が侵害《しんがい》されていることが認識《にんしき》され、イスラエル側とパレスチナ側との話し合いの場を、なんとかして作ろうとする流れができあがっていきました。さらにこの流れに、冷戦《れいせん》の終結や湾岸《わんがん》戦争など政治的に重要な要因《よういん》が重なります。ついに、ノルウェーの外相《がいしょう》が仲介役《ちゅうかいやく》となり、1993年にイスラエルとパレスチナの間で「オスロ合意《ごうい》」と呼《よ》ばれる、和平協定ができあがりました。

オスロ合意では、これまで長い間敵対《てきたい》してきたイスラエル側もパレスチナ側も、まずはお互《たが》いの存在《そんざい》を承認《しょうにん》することが原則《げんそく》であるとされました。この合意では、イスラエルがパレスチナ側に自治を認《みと》めることが定められました。パレスチナへの入植（1967年以降にイスラエルが占領《せんりょう》したパレスチナの土地にユダヤ人を移住させること）の停止や、パレスチナ難民《なんみん》が帰ってくる権利《けんり》、聖地《せいち》エルサレムを誰が管理するのか、などといった難しい問題については、のちほど協議《きょうぎ》していくことになっていました。

この合意を締結《ていけつ》したイスラエルのラビン首相《しゅしょう》は、ユダヤ人の反対派《はんたいは》によって暗殺されてしまいます。この合意によって、現在《げんざい》のパレスチナ自治区ができたのですが、イスラエルの政権《せいけん》が交代し、段階的《だんかいてき》に進められるはずだった和平はまったく進まなくなってしまいました。

和平が進まなくなってくると、その状況《じょうきょう》に失望したパレスチナの若者《わかもの》たちが自《じ》爆攻撃《ばくこうげき》をしかけ、イスラエル軍は取り締《とし》まり強化を理由に、応酬《おうしゅう》するという悪循《あくじゅん》環《かん》に陥《おちい》っていきました。その結果、西岸地区ではパレスチナ人がユダヤ人地区に流入しないように、高さ8メートルもある壁《かべ》が建設《けんせつ》されました。この壁の建設によって、パレスチナ人の町や農地が寸断《すんだん》されてしまい、経済《けいざい》にも悪い影響《えいきょう》を及《およ》ぼしています。

さらに、ガザ地区では人々が、オスロ合意に反対したハマス（ハマース）と呼《よ》ばれるグループを支持したために、イスラエルは西岸地区以上にガザの住民に対して厳《きび》しい措置《そち》をとっています。2008年、2009年、2012年、そして2014年と、4回もガザはイスラエル軍から攻撃を受けています。2014年の攻撃では、2100名を超《こ》える死者が出ています。このように、パレスチナをめぐる状《じょう》況《きょう》は、解決《かいけつ》の糸口が見えないまま70年が経過《けいか》しているのです。

Q&A 37 日本とイスラム諸国《しょこく》との貿易《ぼうえき》で主要なものは何ですか？

日本とイスラム諸国との貿易の中でとても重要な輸入品《ゆにゅうひん》、それは石油です。２０１５年の日本の石油輸入額《ゆにゅうがく》は、世界中で第7位、日本の全輸入品の約15～20％を占《し》めています。日本の石油自給率《じきゅうりつ》は約０・４％のみで、ほとんどを輸入に頼《たよ》っています。

では、その石油はどこから来るのでしょうか？　１９６０年代後半、日本の石油の中東への依存度《いぞんど》は約90％でした。この依存度を低下させる努力がなされ、中国やインドネシアからの原油輸入（原油とは油田から採掘《さいくつ》されたままの未加工の石油のこと）によって、１９８７年には67・９％まで低下しました。ところが、近年、これらの産油国で自国の消費量が高まったために輸入《ゆにゅう》が難《むずか》しくなり、ふたたび中東のイスラム諸国《しょこく》への依存度《いぞんど》が高まっています。２０１５年の統計《とうけい》では、日本の原油輸入量の約33・５％がサウジアラビアから、アラブ首長国連邦《しゅちょうこくれんぽう》（ＵＡＥ《ユーエーイー》）約25・２％、ロシア約８・５％、カタール約８・２％、クウェート約７・４％、イラン約５・０％、その他約12・２％となっており、全体の約82％を中東のイスラム諸国から輸入しています。

ところで、石油というと中東というイメージでしょうが、生産量では、アメリカ、ロシア、カナダ、ベネズエラ、ブラジルなども多く、２０１５年に世界の中で最も輸出量が多かったのはロシアでした。これらの国々の生産量は多くても、日本の石油の大半が中東のイスラム諸国から輸入されているた

め、石油というと、中東という印象が強くなっているのです。

けれども、中東でもすべての国で、石油がとれるというわけではありません。石油が少ししか産出できず、自国で使用する量にも満たない国もあります。たとえば、それはトルコ、シリア、レバノン、ヨルダン、イスラエル、モロッコなどの国々です。石油はペルシャ湾岸《わんがん》を中心にとりわけ多く埋蔵《まいぞう》されているので、ペルシャ湾から離《はな》れると、十分な産出量が確保《かくほ》できません。

では、石油はなぜ重要なのでしょうか？　石油といわれて連想するものは何ですか？　自動車を動かすガソリンや、石油ストーブの灯油などでしょうか？　電気を作るための火力発電所で、燃料《ねんりょう》として用いられたりもしますが、石油は燃料として利用されているだけではありません。じつはもっとたくさんあります。プラスチックや化粧品《けしょうひん》、化学繊維《かがくせんい》などの衣料品、ペットボトル、タイヤ、消しゴム、アスファルトなど、これらすべてが石油から作られているのです。つまり、私《わたし》たちが石油からできたものに触《ふ》れないで暮《く》らすことは不可能《ふかのう》なのです。

私たちの生活に不可欠《ふかけつ》な石油の約80％を、中東のイスラム諸国《しょこく》から輸入《ゆにゅう》しているることは、日本の政治《せいじ》、特に外交政策《せいさく》に影響《えいきょう》を及《およ》ぼしています。その影響は2つあり、1つ目はパレスチナ問題への取り組み方であり、2つ目はイランに対する政策においてです。

パレスチナに対する支援《しえん》では、現在《げんざい》でもアメリカやEU《イーユー》（欧州連合《おうしゅうれんごう》）と並《なら》び、日本は主要な援助《えんじょ》を提供《ていきょう》する国のひとつとなっています。そもそも、日本は1960年代から70年代にかけて、中東において外交的に重要な役割《やくわり》を果たしてはいませんでした。

ところが、この状況《じょうきょう》を一変させたのが、1973年の第四次中東戦争（イスラエルとアラブ諸国のパレスチナをめぐる戦争）でした。イスラエルはつねに、アメリカという大国を後《うし》ろ盾《だて》として持っています。この状況を少しでも打開するために、アラブ諸国は石油を使って、ほかの国々からパレスチナへの支援《しえん》を取りつけようとしたのです。パレスチナ、つまりアラブ諸国を支援する国にしか、石油を販売《はんばい》しないという策《さく》に出たのです。日本はアメリカの同盟国《どうめいこく》でしたが、当時、イスラエルを支持してはおらず、どちらかといえば中立でした。石油の禁輸《きんゆ》となれば日本経済《けいざい》への打撃《だげき》は計り知れません。そのため、急遽《きゅうきょ》、政策《せいさく》を中立からアラブ側への支援《しえん》へと転換《てんかん》させ、なんとか禁輸を免《まぬが》れることに成功したのでした。

このように、第四次中東戦争以降《いこう》、日本の外交政策はアラブ諸国寄《しょこくよ》りの政策がとられてきました。ところが、1991年の湾岸《わんがん》戦争をさかいに、その傾向《けいこう》は薄《うす》らいできています。その理由のひとつはアラブ側にあります。アラブ諸国の結束が弱くなってきたのです。つまり、日本がアメリカ寄《よ》りの姿勢《しせい》をとっても、以前のようにアラブ諸国が団結《だんけつ》して、石油を禁輸するなどといった政策《せいさく》をとることができなくなったのです。

さらに、日本側の理由としては、この時期アメリカが、日本の経済《けいざい》は発展《はってん》して十分な経済力と、発言権《はつげんけん》を持っていると考え始めたためです。事実、この時期の日本はこれまでにない好景気（バブル景気）で、「ロックフェラー・センター」などのアメリカの有名な不動産を日本企業《きぎょう》が買っていたほどでした。そのため、アメリカはほかの西欧諸国《せいおうしょこく》と同様に、同盟国《どうめいこく》としての責任《せきにん》を果たすべきとして、そして石油を中東から大量に購入《こうにゅう》する国（日本）が中東の安定に貢献《こうけん》すべきとして、戦費や人的貢献を求めたのです。そして、日本もその要求にこたえようと、よりいっそうアメリカに賛成《さんせい》する姿勢《しせい》を強めたのでした。

イランにおいても日本の石油政策《せいさく》が外交に影響《えいきょう》を及《およ》ぼしています。日本とイランの関係は良好で、日本にとってサウジアラビア、アラブ首長国連邦《しゅちょうこくれんぽう》（UAE《ユーエーイー》）と並《なら》んで、長い間、第3位の石油供給国《きょうきゅうこく》でした。そのため日本は、1979年のイラン革命《かくめい》直後に発生した、アメリカ大使館人質事件《ひとじちじけん》の際《さい》にも、そして2002年からの核開発疑惑《かくかいはつぎわく》（開発してはいけない核兵器の研究をしていたという疑惑）においても、アメリカの外交方針《ほうしん》とは一定の距離《きょり》をおき、独自《どくじ》の外交路線を継続《けいぞく》してきました。

核開発疑惑を理由に、世界各国が、イランに対して貿易《ぼうえき》をしないよう経済制裁《けいざいせいさい》をおこなっていたときですら、日本のイランからの石油の輸入量《ゆにゅうりょう》はゼロにまで落《お》ち込《こ》むことはありませんでした。石油を輸出《ゆしゅつ》して資金《しきん》を得たいイランと、少しでも石油の輸入を続けたい日本との利害が一致《いっち》していたのです。2016年にイランの核《かく》問題が決着し、経済制裁《けいざいせいさい》が解除《かいじょ》されたので、今後、貿易《ぼうえき》を含《ふく》む日本とイランの関係は、順調に改善《かいぜん》していくと考えられます。

Q&A 38

イスラム諸国《しょこく》では日本についてどんなことを知っているのですか?

日本について学校で習うこと

日本についてはあまり興味《きょうみ》のない人も、ほぼすべての人が「ヒロシマ」「ナガサキ」への原爆投下《げんばくとうか》については知っていました。きちんと教科書に載《の》っているらしいのですが、あの原爆投下の際《さい》にできた、きのこ雲の写真は知っていても、「今、ヒロシマとナガサキはどうなっているのか?」についてはほとんど知られていないようでした。つまり、原爆投下は「世界の歴史の一部」として知っていても、あの原爆の後がどうなっているのかについては、あまりきちんと習っていないようです。

私《わたし》がヨルダンに住んでいたときの体験からですが、広島《ひろしま》や長崎《ながさき》は、現在《げんざい》は人が住めるようになっていて復興《ふっこう》されていると説明しても、「え? 植物や木は生えているの?」とか「人が住めるの?」という質問《しつもん》が次々に寄《よ》せられました。どうしても信じられないようでした。唯一《ゆいいつ》の被爆国《ひばくこく》としての日本からのアピールは、中東ではまだまだ不足しているようでした。

日本からの輸出品《ゆしゅつひん》

日本について何がよく知られているかといえば、当然、車とバイク、トヨタや日産《にっさん》、ホンダでした。東南アジアの国々ではバイクの人気が高く、ホンダの知名度が高いのですが、暑いためバイクに乗る人が少ない中東諸国《ちゅうとうしょこく》では、圧倒的《あっとうてき》にトヨタの知名度が高かったです。

お金持ちの人たちにはＢＭＷ《ビーエムダブリュー》やメルセデスなどのドイツ車も人気ですが、日本車は砂漠《さばく》や土漠を走っても壊《こわ》れない！　という意見が非常《ひじょう》に多く、たとえ壊れても部品の調達が簡単《かんたん》なのだそうで、トヨタや日産はとても信頼《しんらい》されたブランドとなっていました。

「イスラム国」（ＩＳ《イスラミックステート》）の兵士たちが、なぜトヨタの四輪駆動車《よんりんくどうしゃ》ばかりに乗っているのかという疑問《ぎもん》が、海外の人たちも含《ふく》めインターネット上で一時、話題になっていました。これは「イスラム国」の兵士だけが好んでいるわけではなく、中東ではとても広く愛されているからだというのが真実でしょう。

車以外で日本のものでよく知られているものといえば、マンガとアニメが欠かせないでしょう。イスラム世界で、マンガなんて読んでいいの？ と疑問に思うかもしれませんが、世界中で人気の日本のマンガとアニメは、イスラム世界でも、もちろん人気が高いのです。

特に人気の高いアニメは、スポーツについてのQ＆A《キューアンドエー》でも紹介《しょうかい》した『キャプテン翼《つばさ》』でしょう。このアニメは主人公の名前などがすべてアラビア語化されているので（翼はMAJID《マージド》というアラビア語の名前に変更《へんこう》）、日本のアニメだと気づいていない人もいるそうです。

そのほかにも、『UFO《ユーフォー》ロボ　グレンダイザー』、『ちびまる子ちゃん』、『名探偵《めいたんてい》コナン』、『ドラゴンボール』、『ポケットモンスター』など、みなさんがよく知っているアニメは、イスラム世界でもかなり評判《ひょうばん》で人気が高いのです。『名探偵《めいたんてい》コナン』のシリーズは、主人公たちの名前も日本名のままですから、こちらはきちんと日本のアニメだと現地《げんち》でも認識《にんしき》されているようです。「名探偵コナンって、知ってる?」などと、イスラム諸国《しょこく》から日本に旅行に来た人たちに話しかけると、話が弾《はず》んでしまう⁉ なんてことも夢《ゆめ》ではなさそうです。

おわりに

この本を読み終えて、イスラム世界の人々が少しでも身近に感じられるようになりましたか？　今、世界はテロや大量のシリア難民《なんみん》たちなどの問題から、自国以外の文化、特にイスラムの文化を持《も》ち込《こ》む人を、あからさまに排除《はいじょ》しようとしている人たちが増《ふ》えています。ですが、排除の先に未来はありません。私《わたし》たちは「共存《きょうそん》する」ということの難《むずか》しさを乗《の》り越《こ》えていかなくてはならないのです。そのためには、まず、相手を知り、「恐怖心《きょうふしん》」が「好奇心《こうきしん》」へと変わっていけるようになれば、共存という方向へと自然に向かえるのではないかと思っています。

私がイスラムのことに初めて興味《きょうみ》を持ったのは、みなさんと同じ年ぐらいのころでした。ちょうど、エジプトのサダト大統領《だいとうりょう》（１９４９-１９８１）がアメリカの仲介《ちゅうかい》によって、イスラエルと和平条約《わへいじょうやく》を結んだときでした。エジプトがアラブ諸国《しょこく》の中で初めてイスラエルの存在《そんざい》を認《みと》めて和平条約を結んだため、パレスチナ問題が少し進展《しんてん》するのではないかと思われていました。

けれども、サダト大統領《だいとうりょう》は条約締結《じょうやくていけつ》の後に、イスラエルと和平を結んだことに反対した自国民によって暗殺されたのでした。大統領暗殺について、エジプトの市民に街頭インタビューがおこなわれていたのを、たまたま私《わたし》は見ていました。私は、市民たちは自分の国の大統領が殺されたのだから、お悔《く》やみを言うだけに違《ちが》いないと思っていました。ところが、インタビューされた人の中に「イスラエルと和平条約を結ぶなど、もってのほかだ！　殺されて当然のことだ」と答えた人がいたのでした。

パレスチナ問題について、まったくわかっていなかった私には衝撃的《しょうげきてき》な答えでした。お悔やみすら言わないこの人は、どんな人なんだろう？　何がこの人にこんなことを言わせたのだろう？　ニュースを見ながら、もう頭の中は疑問符《ぎもんふ》だらけになってしまいました。

この事件《じけん》まで、私《わたし》はエジプトといえば、ピラミッドとスフィンクスぐらいしか知りませんでした。ニュースを見て疑問《ぎもん》に思ったことについて、両親や周りの大人に尋《たず》ねてみたのですが、みな、納得《なっとく》のいく答えをしてくれませんでした。本当は、大人たちにもよくわかっていなかったのかもしれません。そのころはインターネットなどなかったので、しかたなく一番大きな市立図書館に行って、エジプトについての本を調べたのですが、小中学生にわかるような言葉で書かれた本は、当時はありませんでした。とりあえず、エジプトについて書かれた本をいろいろ読んでみましたが、エジプト情勢《じょうせい》についての本には、当然パレスチナ問題について、詳《くわ》しく書かれておらず、結局、当時の私には何がどうなっているのか、わかりませんでした。

「この疑問を知りたい」という思いから始まって、イスラム世界に対する興味《きょうみ》が増《ま》して、今日まで勉強を続けることになったのです。ですから、「イスラム世界について、小中学生向けに、できるだけわかりやすく書いてほしい」という、この本の依頼《いらい》がきたときは、とてもうれしかったのです。あのときの自分のように、手がかりもなく、「迷子《まいご》」にならずにすむように、できるだけわかりやすくこの本を書いたつもりです。この本が少しでもそんな「迷子」を減《へ》らしてくれること、そして「もっと知りたいな」と思ってくれる人を増《ふ》やせることを、心から願っています。

世界は多様性《たようせい》に満ちあふれています。私《わたし》たちには知らないことがまだまだたくさんあるはずです。おそらく、この本に書かれていたイスラム世界については知らないことだらけだったことでしょう。世界は多様であると同時に、つながっています。シリアの内戦やパレスチナの問題も、日本が遠く離れた島国だからといって、まったく関係がないわけはありません。あまり直接的《ちょくせつてき》に感じることはないでしょうが、私たちの日常は、確実《かくじつ》にこれらの問題から影響《えいきょう》を受けているのです。この世界がどのように影響を及《およ》ぼしあっているのかについて、自分なりに考えられるようになるために、いつもよりも少し注意してニュースを聞く、ニュースの中でわからなかった言葉などをインターネットで検索《けんさく》してみる、それについての雑誌《ざっし》や本を読む、そんな簡単《かんたん》なことから始めてみませんか？

おもな参考文献

『イスラーム　知の営み：イスラームを知る1』佐藤次高（山川出版社・2009）
『イスラム教入門』中村廣治郎（岩波新書・1998）
『となりのイスラム　世界の3人に1人がイスラム教徒になる時代』内藤正典（ミシマ社・2016）
『日亜対訳　クルアーン［付］訳解と正統十読誦注解』中田考監修（作品社・2014）
『シリア情勢　終わらない人道危機』青山弘之（岩波新書・2017）
『世界史の中のパレスチナ問題』臼杵陽（講談社現代新書・2013）
『日本のモスク　滞日ムスリムの社会的活動：イスラームを知る14』店田廣文（山川出版社・2015）
『住んでみた、わかった！　イスラーム世界　目からウロコのドバイ暮らし6年間』松原直美（SB新書・2014）

岩永尚子（いわながなおこ）

中東研究者。津田塾大学博士課程単位取得退学。在学中に在ヨルダン日本大使館にて勤務。その後も専門のヨルダン教育現場のフィールドワークのために、スーツケースを抱えて現地を駆け回る。2012年まで津田塾大学にて非常勤講師として「中東の政治と経済」を担当。ZAi ONLINE（ダイヤモンド社）にて、『教えて！　尚子先生』連載中（http://diamond.jp/category/zt-arab）。

[カバーイラスト]
岩本ゼロゴ

[本文イラスト]
茶匡

[本文写真]
アフロ

[図版]
アトリエ・プラン（18～19ページ、95ページ）

[ブックデザイン]
城所　潤（Jun Kidokoro Design）

世《よ》の中《なか》への扉《とびら》
イスラム世界《せかい》　やさしいQ＆A《キューアンドエー》

2017年10月16日　第1刷発行
2018年8月8日　第2刷発行

著　者　岩永尚子《いわながなおこ》
発行者　渡瀬昌彦
発行所　株式会社　講談社
〒112-8001　東京都文京区音羽2-12-21
電話　編集　03-5395-3535
販売　03-5395-3625
業務　03-5395-3615
印刷所　慶昌堂印刷株式会社
製本所　株式会社若林製本工場
本文データ制作　講談社デジタル製作

N.D.C. 312　175p　20cm　ISBN978-4-06-287030-6